감정과 심리

김규현 지음

지오북스

감정과 심리

초판인쇄 2022년 1월 1일
초판발행 2022년 1월 1일

저　자　김규현
펴 낸 곳　지오북스
등　록　2016년 3월 7일 제395-2016-000014호
전　화　02)381-0706 | 팩스 02)371-0706
이 메 일　emotion-books@naver.com
홈페이지　www.geobooks.co.kr

ISBN　979-11-91346-22-0 (종이책)
ISBN　979-11-91346-23-7 (전자책)

정가 15,000원

이 책은 저작권법으로 보호받는 저작물입니다.
이 책의 내용을 전부 또는 일부를 무단으로 전재하거나 복제할 수 없습니다.
파본이나 잘못된 책은 바꿔드립니다.

머리말

대화, 인간관계, 행동, 설득 등 모든 관계와 상황에는 감정이 존재한다. 우리는 대화를 할 때 그리고 설득을 할 때 상대방의 마음을 읽고 해석하고 얻으려는 노력을 많이 한다. 하지만 상대의 마음을 얻는 것은 생각보다 쉽지가 않다. 가령, 물건을 구매한다고 생각해보자. 아무리 좋은 말로 판매원이 그럴싸하게 설득을 한다고 해도 마음이 움직이지 않으면 절대 물건을 구매하지 않는다.

그렇다면 여기서의 '마음'이라는 무엇인가?

바로 '감정'이다. 즉, 아무리 이성을 지배해도 감정이 움직이지 않으면 설득이 되지 않는다. 다시 판매상황을 생각해보자. 어떤 판매원이 다양한 말과 행동으로 고객을 사로잡으려고 한다. 온갖 칭찬과 제품에 대한 장점을 설명한다. 하지만 고객의 마음을 사로잡아 지갑을 열기는 쉽지 않다. 즉, 마음을 움직이기는 어렵다는 말이다.

과연 마음을 움직이지 못했다는 것은 무엇일까?

그것의 해답은 바로 '감정'이다. 즉, 아무리 이성을 지배해도 감정이 움직이지 않으면 설득이 되지 않는다.

예를 들어, 영화를 생각해보자. '행복'에 대한 주제로 여러 가지 에피소드를 가지고 관객에게 행복의 중요성을 얘기하고 있다. 물론 논리적인 이야기와 대사가 청중에게 깨달음을 줄 수 있다. 하지만 감동을 주긴 어렵다. 즉, 논리와 어휘로만은 청중의 감정을 흔들지는 못한다는 의미이다.

아무리 논리적으로 관객에게 얘기했다고 해도 관객의 감정을 움직이지 못한 영화는 결코 성공적이라 할 수 없다.

우리가 영화를 볼 때 그 영화가 '감동적이고 재미있다.'라고 말하는 것은 감정의 동요가 있을 때이다. 즉, 영화를 보고 웃고 울고 감탄하고 흥이 나야 감정의 동요가 있다고 얘기할 수 있다.

이처럼 어떤 사람의 마음을 움직인다는 것, 다양한 상황에서 설득과 협상 그리고 세일즈에서 마음에 동요가 생겨서 행동으로 이어진다는 것은 '감정'이 움직였다는 의미이다.

특히, 설득의 마지막 단계인 결정에 있어서는 사실 여러 가지가 필요하다.

친절함, 구체적인 설명, 논리, 가치 등 마음을 움직일 수 있는 다양한 요인이 있다. 하지만 상대방을 마지막으로 움직일 수 있는 가장 커다란 힘이 '감정' 임에는 분명하다.

왜냐하면 상대방의 입장에서 어떤 결정을 내릴 때는 감정이 움직여야 하기 때문이다. 즉, 감정이 생겨야 결정을 한다는 의미이다. 그렇기 때문에 대화나 설득에서 감정의 중요성은 아무리 강조해도 지나치지 않는다.

이 책은 바로 대인관계, 설득, 대화, 행동, 협상, 판매에서 감정이 어떻게 영향을 주는지, 감정이 심리에 어떤 작용을 하는지를 구체적으로 말해주고 있다. 이 책을 제대로 읽고 제대로 이해한다면 다양한 상황과 대인관계에서 감정을 활용하는 방법 그리고 감정을 통한 심리를 제대로 이해할 수 있을 것이다.

- 2022년 김규현 -

차례

Part 1 감정이란 / 5

1. 감정이란 무엇인가?
2. 왜 감정은 수동적인가?
3. 감정이 복합인 이유
4. 감정이 생길 때
5. 감정에도 종류가 있다
6. 감정은 조절이다

Part 2 자율신경과 감정 / 17

1. 감정은 자율신경과 밀접한 연관이 있다.
2. 항상성이 감정에 미치는 영향
3. 긴장과 이완
4. 긴장과 감정의 관계
5. 이완과 감정의 관계
6. 감정과 자율신경의 상관관계

Part 3 상황과 감정 / 29

1. 상황과 감정
2. 기쁠 때
3. 화가 날 때
4. 슬플 때
5. 편안할 때
6. 우울할 때
7. 미안할 때
8. 고마울 때
9. 그리울 때
10. 긴장할 때

Part 4 인간관계와 감정 / 45

1. 인간관계와 감정
2. 감정을 드러낼 때
3. 감정을 숨길 때
4. 갈등이 생길 때
5. 타협할 때

Part 5 감정과 행동 / 60

1. 감정은 왜 조절이 어려운가?
2. 감정과 자극
3. 호흡과 감정
4. 움직임과 감정
5. 감정과 행동

Part 6 설득의 감정 / 72

1. 설득이란?
2. 설득을 당하는 것을 싫어하는 이유
3. 왜 감정 설득이 중요한가?
4. 설득의 심리학
5. 설득과 감정

Part 7 협상과 감정 / 87

1. 협상이란?
2. 협상에 유리할 때
3. 협상에 불리할 때
4. 팽팽한 협상일 때
5. 협상과 감정

Part 8 판매와 감정 / 104

1. Sales 심리학
2. 경계심과 감정
3. 판매를 이끄는 심리
4. 판매의 방식
5. 결정단계와 감정
6. Sales와 감정

part 1.
감정이란?

1. 감정이란 무엇인가?

> Emotion : 일종의 운동(motion)으로,
> 밖으로(e-, out) 향하는 운동의 의미

감정의 사전적 의미는 '내면에서 밖으로 향하는 운동'을 얘기한다. 즉, 어떤 자극에 의해서 밖으로 분출하는 내적인 운동을 얘기한다.

고대 그리스의 철학자 아리스토텔레스는 이성을 상징하는 로고스와 반대되는 개념으로 파토스의 개념을 말했다. 여기서 파토스는 정념·충동·정열 등으로 번역되며 로고스와 상대되는 말이다. 고대 그리스어 paschein(받다)에서 파생된 말로 근본적인 뜻은 '받은 상태'이다. 그러므로 광의로는 어떤 사물이 '받은 변화상태'를 의미하고, 협의로는 특별히 '인간의 마음이 받은 상태'를 의미한다. 수동성·가변성이 내포되며 그때그때 내외의 상황에 따라 인간의 마음이 받는 기분·정서를 총괄하여 표현한 말이다. - 참조 (두산백과)

우리는 감정에 대해서 매우 어렵게 생각하고 규정하기도 까다롭고 또한 주관적이면서도 추상적인 의미로써 받아들인다. 감정은 행복, 기쁨, 즐거움 등의 긍정적인 감정도 있고, 화, 우울함, 짜증 등의 부정적인 감정도 있다. 더욱이 현대사회에서 감정이라는 것은 표현 외에 더 많은 것을 내포하고 있다.

바로 이러한 감정을 어떻게 적재적소에 표현하느냐에 따라 그 사람의 호감도는 물론 대인관계에 대한 능력치가 다르게 평가된다.

가정, 직장 등 우리가 사람과 직면하는 모든 곳에서 중요한 요소 중 하나는 바로 감정을 절제할 때와 감정을 표현할 때를 알고 상황에 맞는 감정표현을 하는 것이다.

예를 들어, 회사에서 "과장님, 오늘 기분 좋은 안 좋은 일 있으세요?"라는  말을 한다고 했을 때, 무표정한 얼굴로 얘기하는 것과 감정을 실어서 걱정스러운 느낌의 표현을 한다면 훨씬 더 기분 좋은 느낌을 줄 수가 있다.

따라서 대화를 할 때 감정을 생동감 있게 표현하는 것은 매우 중요하다. 때로는 냉철하게 때로는 온화하게 그리고 때로는 유쾌하게 느낌을 표현해야 상대방에게 호감을 줄 수 있다.

즉, 어떤 상황에서는 차분하게 감정을 절제해야 하고 어떤 상황에서는 감정을 표현해야 할 때가 있다.

가령, 어떤 자리에서 싫은 사람을 우연히 만났을 때 태연하게 아무렇지 않은 척 얘기하는 사람과 싫은 티를 팍팍 내는 사람의 경우에는 상대방에게 포커페이스의 성공 여부가 달라질 수가 있다.

또한, 거절할 때도 부드럽게 미소를 머금으면서 얘기를 하는 사람과 딱딱하게 얘기하는 사람이 있으면 전자의 거절이 보다 기분 나쁘지 않은 거절 표현이 될 것이다.

반대로 감정을 표현해야 할 때도 있다. 상대가 감정적으로 나올 때는 처음엔 차분하게 얘기하지만 그럼에도 상대가 감정적으로 나올 때는 단호하게 얘기할 줄도 알아야 한다. 즉, 감정은 우리가 얘기하는 '안에서 밖으로의 내적 표현' 외에도 처세와 대인관계 등 다양한 의미에서 많은 것을 내포하고 있다. 이성은 조절이 가능하다. 즉, 판단과 인지에 따라서 통제가 가능하다. 하지만 추상적이면서도 개인적인 바로 이 '감정'이라는 표현은 조절이 어렵다. 그래서 우리는 감정을 표현하는 것도 숨기는 것에도 많은 어려움을 겪는다. 바로 감정이 생기는 의미와 표현에 대해 정확히 모르기 때문에 어려움을 겪는 것이다. 따라서 우리는 현대사회에서 감정에 대해서 깊이 생각하고 고찰하고 정확한 파악을 해야 한다. 그래야 이성처럼 감정을 조절할 수 있기 때문이다.

2. 왜 감정은 수동적인가?

감정은 주체적으로 표현한다는 의미보다는 느껴진다라는 수동적인 의미가 포함되어 있다. 예를 들어, 지하철을 타다가 어떤 사람이 발을 밟았을 때 우리는 소리를 지르며 순간 욱하고 화를 낸다. 정확히 표현하면 화를 내는 것이 아니라 화가 느껴진 후 소리를 지르는 과정을 거치게 된다. 즉, 감정은 능동적으로 표현하는 것이 아니라 어떤 행동 후에 느껴지는 무언가라는 것이다.

그렇다면 왜 감정은 수동적인가? 그렇기 위해서 우리는 '지각'에 대한 것부터 알아야 한다. '지각'이란 사전적 의미로 감각기관을 통해서 외부 대상의 성질, 형태, 관계 등을 의식하는 작용이다.

알아서 깨달음 또는 그 능력 ②감각기관을 통하여 외계의 대상의 성질·형태·관계 따위를 의식하는 작용 및 그 작용)에 의해 얻어지는.

예를 들어, 돈을 발견하는 과정을 구체적으로 생각해보자. 길을 가다가 무언가 발에 밟히는 것을 인식하고 느낀다. '이게 뭐지?'라는 긴장감에 밟힌 물건을

감정이란

처다본다.

그리고 무엇인지 다시 확인한다. '어 돈이네?'라고 생각하면서 당황한다. 그런데 그 당황하는 감정은 다시 '와, 돈이잖아.'라는 인식과 더불어 기쁨으로 바뀐다.

길을 간다. → 무언가 발에 밟힌다. → 느낀다.
긴장 → 본다. → 확인한다. → 돈을 발견 → 당황 → 기쁨

여기에서 핵심은 감정이 나타날 때는 지각의 과정 후라는 것이다. 즉, 지각의 과정 후에 나타나는 반응을 우리는 '감정'이라고 얘기하는 것이다. 그렇기 때문에 감정은 선행적이 아니라 후행적라는 것이다. 그래서 감정은 조절이 어렵다는 결론이 나온다. 즉, 미리 상황을 예측하거나 인지한다면 조절할 수 있겠지만 감정은 지각을 통해 나온 반응이기 때문에 예측을 할 수 없을뿐더러 즉각적으로 나올 수밖에 없다.

여기서 바로 감정조절이 어려울 수 밖에 없는 이유가 설명된다. '희로애락'에서 파생되는 108가지의 감정은 지각 후에 나온 반응을 추상적으로 규정한 의미이다. 따라서 감정을 구체적으로 규정하기가 어렵다는 의미이다. 그래서 추상적인 감정의 규정에 몰두하기보다는 자극을 통해 나온 지각의 반응에 더 집중해야 할 필요가 있다. 그것이 더 과학적이고 구체적이기 때문이다.

3. 감정이 복합적인 이유

그렇다면 왜 감정은 단순하지 않고 복합적일까? 예컨대, 우리가 이별 장면 구체적으로 말해서 좋아하던 이성과 헤어지려고 할 때 눈물이 고이기 시작한다. 이 감정을 우리는 '슬픔'이라고 한다. 그런데 눈물이 나기 시작할 때 슬픔을 참으면서 억지로 웃으려고 노력한다. 진정하려는 노력을 통해 '웃음'을 찾게 되지만 다시 '앞으로는 보지 못하겠지.'라는 생각과 함께 '우울함'으로 바뀐다.

감정은 이처럼 단순하지 않고 복합적인 과정을 거친다. 그래서 감정을 제대로 파악하려면 우리는 지각과 함께 '인지'라는 것의 의미를 파악해야 한다. 지각은 수용적인 의미라면 인지는 능동적인 의미이다. 사전적 의미로 인지는 '자극을 받아들이고 저장하고 찾아가는 일련의 정신과정'이라고 규정되어 있다.

> **자극을 받아들이고, 저장하고, 인출하는 일련의 정신 과정.
> 지각, 기억, 상상, 개념, 판단, 추리를 포함하여 무엇을 안다는 것을
> 나타내는 포괄적인 용어**

예를 들어, 우리가 길을 가다가 무언가 발에 밟혀 순간 긴장을 느끼고 보니 돈이라는 것을 알고 당황하고 그 당황이 기쁨이라는 감정으로 바뀌는 과정을 지각이라고 한다고 했다. 그런데 인지는 지각과정에 판단과 추리가 더해지는 과정이다. 즉, 돈을 발견하고 기쁨을 느낀 후에 생각하고 주위를 둘러보며 아무도 없다는 것을 알고 주머니에 돈을 넣은 과정은 바로 추리와 판단에 해당하는 인지의

과정이라는 것이다.

> 길을 간다. → 무언가 발에 밟힌다. → 느낀다.
> 긴장 → 본다. → 확인한다. → 돈을 발견
> 당황 → 기쁨 → 주위를 둘러본다. → 확인 →
> 주머니에 돈을 넣는다. → 간다.

인지는 지각이라는 반응에 생각과 추리가 더해지는 과정이다. 즉, 지각이 자극에 대한 반응의 감정에 대한 과정이라면 인지는 감정에 생각이 더해지는 과정이다. 우리가 흔히 감정이라는 것은 지각과 인지가 복잡하게 섞여 있는 과정을 얘기한다. 예컨대, 지갑을 발견하는 과정에서 지갑이라는 것을 지각하고 기쁨을 느끼는 것이 1차적인 감정이라면 눈치를 보고 기쁨을 자제하는 것은 인지 과정이 들어간 2차적인 감정이라 할 수 있다.

고통을 느낄 때도 마찬가지이다. 길을 가다가 돌부리에 걸려서 넘어졌다고 가정해보자. 무릎이 바닥에 부딪혀서 멍이 들었다. 그것을 지각하고 통증을 느낀다. '너무 아파.'라는 말과 함께 눈물이 난다. 여기서 눈물은 통증을 완화하기 위한 신체의 항상성의 역할이다. 항상성에 대해서는 다시 거론을 하겠다. 그리고는 주위를 살핀다. 사람이 지나가는 것을 느끼고 아픔을 자제하며 아무렇지 않은 듯이 걷는다. 통증을 느끼는 과정이 지각과정 즉, 1차적인 감정이고 사람이 지나가는 것을 보고 감정을 추슬러야겠다고 판단하는 것이 인지 과정 즉, 2차적인 감정이다.

이처럼 감정은 지각, 인지 과정과 밀접한 영향이 있으며 서로 복잡 미묘한 관계를 지니고 있다.

4. 감정이 생길 때

길을 가다가 무언가 발에 밟힌다. 그것을 느끼니 '긴장'이 된다. 그것이 무엇인지 본다. 그리고 자세히 확인한다. 돈이다. 돈을 발견하니 긴장이 흥분상태로 되며 '당황'한다. 그리고 그 흥분은 기분 좋은 흥분인 '기쁨'으로 바뀐다.

> 길을 간다. → 무언가 발에 밟힌다. → 느낀다.
> 긴장 → 본다. → 확인한다. → 돈을 발견
> 당황 → 기쁨

여기서 우리는 긴장, 당황, 기쁨을 감정이라고 얘기한다. 먼저 긴장을 살펴보자. 그러려면 긴장이 생기기 전에 과정을 생각해보자. 길을 가다가 무언가 발에 밟히고 느낀다. 발에 밟히고 무언가 느낄 때 그 촉감은 감각신경을 통해 의식적인 반응인 뇌로 이어질 수도 있고 무의식적인 반응인 척수로 이어질 수도 있다.

그렇다면 '당황'은 어떻게 생기는 것일까? 다시 한 번 돈을 발견할 때의 상황을 생각해보자. 무언가 발에 밟혔을 때 우리 몸은 자신을 보호하기 위해 긴장을 한다. 그리고 조심스럽게 긴장된 상태에서 보고 확인을 한다. 이때 돈이라는 것을 보고 당황한다. '왜 여기 돈이 있지?'라는 인지와 더불어 나오는 반응이 바로 '당황'인 것이다.

'기쁨'은 어떻게 발생할까? 기쁨은 당황이라는 감정에 인지를 거친 과정이라 할 수 있다. 인지는 뇌의 추리와 판단을 포함한 과정을 얘기한다. 즉, 돈을 발견한 순간 즉각적인 반응 때문에 당황이라는 감정이 생긴 거라면 '기쁨'은 뇌에서

의 기억 예를 들어, '돈이 생기면 좋다.'라는 경험적 기억 때문에 생기는 감정이라 할 수 있다.

　이처럼 감정은 자극에 의한 반응에서 생긴다. 그리고 그 반응은 지각과 인지의 과정에서 생기는 감정이다. 그렇기 때문에 감정을 추상적으로 생각하는 것보다 과학적이고 구체적으로 생각하는 것이 보다 감정을 파악하고 통제하는 데 있어서 효율적이라 할 수 있다.

5. 감정에도 종류가 있다

우리는 살면서 수많은 말과 행동을 하고 또 그 말과 행동에 대해 후회를 하기도 한다. 하지만 대부분 후회를 하는 경우는 흥분상태에서 어떤 것을 결정할 때이다.
　사람이 화가 나거나 짜증이 날 때, 아드레날린이라는 호르몬이 분비된다. 아드레날린은 긴장상태에서 분비되는 호르몬인데, 긴장을 유지하는 부분이 있는 반면, 자신을 보호하기 위해 상대방을 공격하는 성질도 있다.

　그래서 우리가 화가 날 때, 상대방에게 인신공격을 하거나 후회하는 말을 많이 하기도 한다.
　예를 들어, 남녀가 시간약속을 가지고 다툴 때를 생각해보자. 이미 남자는 여자 친구가 늦어서 화가 난 상태이다.

> 남자 : 또 왜 늦었어?
> 여자 : 왜 보자마자 나한테 화를 내?
> 남자 : 그럼 내가 화가 안 나게 생겼어? 지금이 한 두 번이야?
> 여자 : 내가 지금 사과하려고 했잖아. 오늘 남동생 생일이라 챙겨주고 오느라 늦었어.
> 남자 : 그걸 나한테 미리 얘기했어? 내가 어떻게 아냐고? 그냥 헤어져.
> 여자 : 뭐?
> 남자 : 그냥 짜증나니까 헤어지자고.

저런 비슷한 상황을 우리는 아마 많이 겪었을 것이다. 저런 식으로 순간 욱해서 얘기했다가 며칠 뒤에 이불 킥을 하며 후회를 한 경우가 많았을 것이다. 그렇다면 왜 후회를 할까? 그 이유는 바로 순간의 감정을 믿고 그것을 사실로 받아들여 말이나 행동을 한 부분에 대해 아쉬움이 남아서이다. 즉, 흥분상태에서 말이나 행동을 할 때는 객관적이고 이성적인 생각을 하기 어렵기 때문에 상당히 즉흥적이고 감정적인 판단을 하게 된다. 이러한 감정을 즉흥적 감정이라 할 수 있다.

하지만 시간이 지나서 그러한 감정이 변하지 않는다면, 그것은 진짜 감정이라 할 수 있다. 우리가 조심해야 하는 부분은 바로 즉흥적 감정이다. 즉흥적 감정은 언제든지 변할 수가 있고, 사리판단 부분이 명확하지 않기 때문에 객관적이지 않을 수 있다. 그렇기 때문에 가짜 감정이라 할 수 있다.

그렇기 때문에 어떠한 즉흥 감정이 생길 때는 이 감정이 진짜인지 즉흥적인지 조금 거리를 두고 생각하는 것이 중요하다. 그래야 일을 그르치는 것을 미연에 방지할 수 있기 때문이다.

6. 감정은 조절이다

우리는 감정의 지각과 인지 과정을 통해 감정이란 무엇이고 감정은 어떤 형태를 지니는지에 대해 알아봤다. 그렇다면 감정이라는 내면의 행동에 대해 다시 한 번 정리해보자.

먼저 감정은 매우 즉각적이다. 왜냐하면, 인지의 과정보다는 지각의 과정을 거쳐 나오는 반응이 대부분이기 때문이다. 지각의 과정에서 나오는 감정을 1차적 감정, 인지의 과정에서 나오는 감정을 2차적 감정이라고 한다면 대부분의 감정은 즉각적 지각에서 나오는 반응이라는 것이다.

두 번째로 감정은 후행적이다. 여기서 선행적이라는 말과 후행적이라는 말의 차이는 전자는 먼저 실행되는 것을 말하고 후자는 뒤에 수반되는 것을 말한다. 즉, 감정은 어떤 자극에 의한 반응에 대한 조절로써 나오는 내적인 운동으로 후행적이라는 것이다.

마지막으로 감정은 주관적이다. 예컨대, 어떤 사람이 지나가다가 뱀을 발견하고 놀랄 수도 있고 또 다른 사람은 울 수도 있으며 또 어떤 사람은 즐거워할 수도 있다는 것이다. 그 이유는 개인의 경험과 성격에 따라 다르게 나오는 반응이기 때문이다.

이처럼 감정은 즉각적이고 후행적이고 주관적이다. 그래서 이성처럼 다루기가 쉽지 않고 조절과 통제도 어려운 이유이다.

'나는 생각한다. 그러므로 나는 존재한다.'라는 유명한 말을 남긴 데카르트의 경우 인지의 과정을 숭배한 나머지 신체와 영혼을 분리해서 얘기하고는 했다. 하지만 의학의 발달로 인해 감정 역시 뇌의 지각과 인지로 인해 발생하는 내적인 운동이라는 것을 증명하게 되었다. 그리고 감정은 우리가 통제하기가 어려울 뿐 조절이 불가능한 것이 아니라는 것도 알게 되었다. 왜냐하면, 감정은 실제로 존재하는 것이 아니라, 자극에 의해서 나오는 화학적 반응이기 때문이다.

물론 저자는 감정을 폄하하거나 비하할 의도는 전혀 없다. 다만, 우리가 감정이라는 것을 지나치게 추상화시킬 경우 과학적, 합리적으로 사유하기가 어렵기 때문에 조금 더 분명하고 확실한 방법으로 접근하고자 의학적, 물리적인 방식으로 접근하려고 하는 것이다.

우리는 감정을 미화시키지 말고 보다 감정을 과학적이고 합리적인 방식으로 직시하여 그토록 어려운 감정을 조절하고 이해하고 다양한 상황에 대처하는 방법을 효과적으로 알아야 한다. 마치 손자병법에 나오는 '지피지기면 백전백승이다.'라는 말처럼 우리는 감정을 보다 구체적으로 때론 합리적으로 파고들어야 한다.

1. 감정은 매우 즉각적이다.
2. 감정은 후행적이다.
3. 감정은 주관적이다.
4. 그렇기 때문에 감정은 조절이 어렵다.

part 2.

자율신경과 감정

1. 감정은 자율신경과 밀접한 연관이 있다.

인간의 신체는 무척이나 복잡 미묘하고 매우 과학적이다. 그래서 과학적으로 인간의 신체를 '소우주'라고 하는 이유이기도 하다.

자율신경을 얘기하기에 앞서 먼저 신경에 대해 얘기해보자.
'신경'이란 각 기관계를 연결하여 하나의 유기체로서 신체 활동의 조절과 조정을 담당하는 조직을 얘기한다. 신경계를 두 가지로 나누면 중추신경계와 말초신경계로 구분할 수 있다. 중추신경계는 CPU와 같은 중앙처리장치이며 감각신경으로부터 정보를 수집해서 주로 대뇌에서 인지와 판단을 내려 운동신경으로 행동을 명령하는 의식적 작용과 우리 몸을 즉각적으로 보호하기 위해 간뇌, 연수, 척수로부터 바로 반응을 하는 무의식적 작용으로 나눌 수 있다. - 참조 (서울대학병원 신체기관정보)

말초신경계는 세 가지로 나눌 수 있는데 정보를 수집하는 감각신경과 행동을 수반하는 운동신경 그리고 마지막으로 우리 몸의 체온 및 장기 등의 운동을 조절하는 자율신경이 있다.

> **혈관이나 장기 벽을 이루는 민무늬근, 심장 근육, 샘에 분포하여 수축과 분비를 조절하는 신경.**

쉽게 말해 자율신경계를 제외한 중추신경과 말초신경은 자극과 반응을 통해 인지와 판단을 수행한다면 자율신경계는 우리 몸을 조절하는 기관이다. 이러한 자율신경계는 우리 몸을 조절하기 위한 기능을 하며 내분비와 외분비로 나눌 수 있다. 내분비는 혈관 속에 호르몬처럼 우리 몸의 내부에서 타고 나오는 분비조절을 얘기하며, 외분비는 침, 땀, 눈물처럼 우리 몸의 바깥으로 나오는 분비조절을 말한다. 감정은 반응이 아니라 반응 이후의 조절이다.

예를 들어, 어떤 친구에게 상처가 되는 말을 들었을 때, 상처가 되는 말을 듣는 것을 '반응'이라고 한다. 이 반응 후에 뇌에서의 '판단'과 자율신경의 '조절'이 공존하게 된다. 대뇌에서는 '그래. 내가 이 말을 듣고 어떻게 할까?'라고 생각을 한 후에 '이 정도는 내가 참아야지.'라고 판단을 내린다.

한편, 자율신경은 우리 몸은 자신을 보호하고 원래의 상태를 유지하기 위해 땀과 눈물을 바깥으로 내보낸다. 이러한 조절은 자율신경의 외분비 기능이며 이러한 눈물을 가지고 우리는 '슬픔'이라고 규정한다. 그렇기 때문에 1차적인 감정은 이 자율신경계와 밀접한 관련이 있다고 할 수 있다. 2차적인 복합감정이나 자제를 하려는 감정은 대뇌의 판단과 더불어 자율신경과 함께 나오는 감정이라 할 수 있다.

가령, 친구의 상처가 되는 말을 듣고 자율신경의 외분비 조절로 인해 눈물이 나오지만, 대뇌에서는 판단으로 인해 자제하려 한다. 그래서 눈물을 흘리지만 억지로 웃거나 자제를 하려는 감정이 나오는 것이다.

2. 항상성이 감정에 미치는 영향

마치 물리학에서 질량 보존의 법칙처럼 인체는 늘 같은 상태를 유지하기 위한 성질을 지닌다. 그것을 '항상성'이라 한다. 항상성은 체온을 유지하거나 호르몬을 분비하거나 땀을 배출하거나 눈물을 흘리는 등 일정한 상태를 유지하기 위한 신체의 기능이다.

항상성은 바로 우리 몸을 일정한 상태로 유지해서 조절하기 위한 기능을 한다. 예를 들어, 직장 상사가 나에게 일을 못 한다며 핀잔을 주고 있다. 평소에 싫어하는 상사인 데다가 내가 잘못을 하지 않았음에도 불구하고 지적을 하여 기분이 상하고 화가 난다. 이때 나오는 감정은 '분노'이다.

그런데 이 분노상태를 계속 유지할 수가 없다. 왜냐하면, 계속 분노를 표출하게 되면 신체 내의 기능이 저하되기 때문이다. 그래서 항상성이 분노상태를 원래대로 돌리려 한다. 이때 외분비로써 땀과 눈물을 배출하게 된다. 이러한 배출을 통해 원래 상태로 신체를 유지하는 것을 돕는다.

이때 가빨라졌던 호흡이 조금씩 진정이 된다. 그러면서 대뇌의 인지와 판단이 함께 항상성의 조절을 돕는다. '내가 이 정도로 화낼 필요는 없지. 건강에 안 좋아.'라는 지령을 운동신경으로 내리고 이 지령이 항상성을 돕게 된다.

이처럼 항상성은 자율신경의 조절과 밀접한 관련이 있고 대뇌의 인지와 판단과도 상관관계가 있다.

우리 몸은 매우 과학적이고 합리적인 기능을 하고 있다. 우리가 얘기하는 감정은 바로 이러한 항상성 조절의 영향을 늘 받고 있다. 그렇기 때문에 감정이 지속되는 것이 아니라 변화무쌍하게 바뀌는 것이다.

'아픔'이라는 감정도 마찬가지다. 우리가 길을 가다가 날카로운 무언가에 발을 찔렸을 때, 통증을 느낀다. 이 통증은 감각신경을 통해 대뇌에 전달되고 대뇌에서는 운동신경으로 어떻게 처리할지에 대해 판단을 내린다. 또한, 자율신경은 긴장을 통해 신체가 통증으로 인해 기능이 저하되는 것을 막는다. 이것은 우리가 소위 벼락치기나 아니면 누군가와 싸움을 할 때 우리 몸을 보호하기 위해 긴장을 하는 것과 마찬가지이다.

3. 긴장과 이완

신체의 조절 즉, 자율신경이 감정과 밀접한 관계가 있음을 앞서서 여러 가지로 말했다. 그렇다면 자율신경에 대해 조금 더 자세히 알아보자.

우리 몸은 늘 긴장과 이완 상태에 놓여있다. 그리고 우리 몸을 일정한 상태로 유지하기 위해 긴장을 하면 다시 이완을 하고, 이완하면 다시 긴장을 하려 한다. 이러한 성질을 항상성이라고 한다고 얘기했다.

바로 자율신경은 우리 몸을 조절하기 위한 신경 기능이고 그 자율신경은 다시 두 가지로 나눌 수 있다. 하나는 긴장을 담당하는 교감신경 그리고 나머지 하나는 이완을 담당하는 부교감신경이다.

교감신경과 부교감신경으로 이루어진 자율신경은 우리 몸을 일정한 상태로 유지하기 위한 항상성과 관련이 깊은데 그중, 교감신경은 긴장을 통해 우리 몸을 보호하기 위함이라 생각하면 된다. 예를 들어, 우리가 운전하다가 어떤 사람과 시비가 붙었을 때를 생각해보자.

그때 교감신경이 우리 몸을 보호하기 위해 활성화되고 그런 교감신경으로 인해 긴장된다. 이때 이러한 긴장으로 인해 호흡과 맥박이 빨라지고 내분비인 아드레날린, 외분비인 땀이 발생하게 된다. 이러한 긴장은 통증이나 이런 것에 대비해 우리 몸을 보호하는 기능을 하며 땀과 같은 분비물은 우리 몸의 체온을 일정하게 유지하려는 항상성의 역할을 한다.

이러한 교감신경으로 인한 긴장의 부산물 즉, 기분 나쁘게 호흡이 빨라지고 맥박이 빨라지며 땀이 나는 반응을 '화'라고 한다.

다시 말해서, 여기서의 '화'라는 감정은 우리 몸을 보호하기 위한 항상성의 역할인 교감신경으로 인해 긴장이 생기고 이 긴장과 더불어 아드레날린이라는 공격성을 지닌 부신피질호르몬이 분비되어 생기는 감정이라는 것이다.

4. 긴장과 감정의 관계

그렇다면 긴장은 어떻게 감정과 연계가 될까?

> 심장을 강하고 빠르게 수축하고 혈관 수척, 동공 확대 따위의 작용을 한다.

하지만 다른 경우도 있다.

예를 들어, 어떤 친구가 나에게 선물을 줬다. 그 친구가 "너한테 줄 선물이 있어."라고 말을 하자 '그게 무슨 선물이지?'라는 생각에 긴장이 된다. 여기서도 교감신경이 작동되어 맥박이 빨라지고 호흡이 뛴다. 그런데 여기서는 아드레날린이 발생하지 않고 '도파민'이라는 호르몬이 나온다. 이 도파민은 기분이 좋을 때 그것을 극대화하기 위해 나오는 호르몬이다. 선물을 보고 이 호르몬과 연관된 긴장은 '설렘'으로 바뀐다.

여기서 알 수 있듯이 긴장에도 두 가지 종류가 있다. 바로 '좋은 긴장'과 '나쁜 긴장'이 있다. 똑같이 맥박이 빨라지고 호흡이 불규칙해지지만 '아드레날린'과 같은 우리 몸을 방어하기 위한 호르몬이 나오느냐, 우리 몸을 기분 좋게 만들기 위한 '도파민'이 나오느냐에 따라 긴장의 부산물인 감정이 달라지는 것이다.

5. 이완과 감정의 관계

교감신경과 더불어 자율 신경 계통을 이루는 신경, 교감 신경이 촉진되면 억제하는 일을 하고, 신체가 흥분되면 심장의 구실을 억제하며 소화기관의 작용을 촉진한다.

이번에는 이완을 생각해보자. 우리 몸은 항상성 즉, 우리 몸을 일정한 상태로 유지하려는 성질로 인해 늘 긴장 상태를 만들 수 없다.

예를 들어, 우리가 직장에서 상사에게 잔소리를 들어 화가 난다. 그래서 퇴근하고 기분도 울적해서 공원에 가서 의자에 앉는다. 의자에 앉으니 빨라졌던 맥박과 조금 전까지 화가 나서 거칠어졌던 호흡이 가라앉는다. 이러한 상태를 이완 상태라고 한다. 그러면서 숲을 보니 마음이 편안해진다. 그리고 이러한 감정을 '편안함'이라고 한다.

또 다른 이완도 있다. 모처럼 직장을 그만두고 집에서 휴식을 취한다. 하루 이틀, 일주일. 일주일까지는 집에 있는 것이 편안하다. 그런데 한 달 가까이 집에만 있으니까 그 편안했던 감정이 지겹고 외로움으로 바뀐다. 이러한 감정을 '우울함'이라고 한다.

이처럼 이완 역시 '좋은 이완'과 '나쁜 이완'으로 나눌 수 있다. 좋은 이완은 몸이 편안해지면서 맥박과 호흡이 느려진 상태에 '아세틸콜린'이라는 호르몬이 분비되어 기분 좋은 편안한 진정상태를 유지하는 것이다. 나쁜 이완은 맥박과 호흡이 느려진 상태가 너무 오래 지속하면 편안함이 지루함으로 바뀌고 '코르티솔'이라는 부신피질호르몬이 분비되어 우리 몸을 보호하기 위해 혈당을 높인다.

이처럼 감정은 신체의 조절기능인 자율신경계와 연관이 있고, 자율신경은 다시 교감신경과 부교감신경으로 나뉘어서 긴장과 이완을 형성하는 것이다.

만약 긴장 상태가 지속되거나 이완 상태만 지속되면 항상성이 깨지기 때문에 '자율신경 실조증'이라는 병에 걸릴 수 있다. 우리 몸은 생각보다 매우 과학적이고 섬세하다. 이러한 긴장과 이완은 끊임없이 마치 롤러코스터를 타는 것처럼 상황에 따라 계속 뒤바뀐다.

6. 자율신경과 감정의 상관관계

자율신경은 신체를 일정한 상태로 유지하기 위해 조절하려는 기능이 있다. 이러한 신체조절기능은 바로 감정과 관련이 있다.

왜냐하면, 감정은 의도적으로 만드는 것이 아니라, 반응에 의한 조절이기 때문이다. 그렇다면 감정이 일어나는 과정을 대화를 통해 상세히 알아보자.

먼저, '긴장'이 유발되는 상황이다.

> (부부 사이의 대화)
>
> 남편 : 지금 몇 신데 이제야 끼질러 와?
> 아내 : 허이구, 다정다감하셔라.
> 남편 : 내 말이 말 같지 않아?
> 아내 : 응, 말 같지 않아.
> 남편 : 정말 가관이다. 넌 네가 잘못하고도 인정하지 않지?
> 아내 : 그만 좀 해! 네가 내 아빠야? 어디서 명령이야?
> 남편 : 아이구, 잘났다. 잘났어!
> 아내 : 내가 너랑 사느니 우리 집 개랑 사는 게 낫겠다.

반응 → 교감신경 → 긴장 → 불안정 호흡

이번에는 '이완'이 유발되는 상황이다.

(찜질방에서의 대화)

친구 : 식혜도 먹고 마사지도 받으니까 편안하네.
  나 : 그렇게 배부르게 먹고 사우나도 하니까 몸이 나른하다.
친구 : (구석진 곳을 가리키며) 저기 좀 누워 있자.
  나 : 그래.
친구 : 편안하다 진짜.

반응 → 부교감신경 → 이완 → 안정 호흡

우리 인간은 끊임없이 진화해 왔다.

철학적으로도 플라톤, 아리스토텔레스, 칸트가 초석이 되고 베이컨과 로크의 경험론을 거쳐서 후설의 현상학과 인식론까지 점점 사실적이고 섬세하게 깊이를 더하고 있다.

또한, 의학적인 영역도 탐구와 실험을 통해 인간 수명을 100세까지 끌어올릴 정도로 비약적인 발전을 거듭해 왔다.

그리고 과학의 비약적인 발전으로 인해 컴퓨터, 스마트폰, 로봇기술, 나노기술 등을 비롯해 이성적인 부분은 첨단을 걷고 있다. 그리고 앞으로 그러한 발전은 더욱 박차를 가할 것이다.

하지만 로봇이 이성적인 부분을 인간과 비슷하게 시스템화할 수는 있지만, 아직까지 인간을 따라잡지 못한 부분이 있다. 그것은 바로 '감정'이다.

우리가 어떤 사물을 볼 때, 오감으로 그 사물을 느끼고 뉴런 신경을 통해 중추신경으로 전달하고 다시 중추신경의 판단으로 운동신경에 명령을 내리는 과정을 '인지'라고 한다. '인지'와 유사한 의미지만, '인식'은 감각과 감정을 바탕으로 뇌에서 인지하는 과정을 말한다. 여기서 인식이 바로 감각과 감정을 모두 포함하는 의미로써 사용되는 것이다. 철학적으로 현상학과 인식론이 바로 그러한 과정을 깊이 다루는 학문이다.

그런데 여기서 중요한 부분은 바로 감정을 바탕으로 하는 인식이다. 이 감정이라는 인식은 후행적 즉, 감각으로 인해 수반되는 그 무엇이다.

예컨대 어떤 직장인이 길을 지나가다가 지갑을 주었다고 가정해보자.
길을 가면서 '오늘 회의하는데 어제 보고서 마무리 잘했겠지?'라는 생각을 하고 있다. 그런데 앞이 지갑이 떨어져 있는 것이다. 그 지갑을 보는 것을 발견이라 한다. 그리고 즉각적인 흥분을 한다. 이 즉각적인 흥분을 감정이라고 한다. 즉, 발견은 인식에 해당하고 감정은 인식으로 인한 반응에 해당한다. 그렇기 때문에 감정은 후행적이면서 즉각적이고 주관적일 수밖에 없다.
이 즉각적이면서 주관적인 감정은 뇌의 중추신경의 영향을 받는 것이 아니라, 우리 몸을 보호하고 일정한 상태를 유지하도록 간뇌와 시상하부 그리고 척수를 통해 이어지는 자율신경계의 영향을 받는다. 공이 날아올 때, 몸을 다치지 않기 위해 즉각적으로 반응하는 것, 소변이 마려울 때 바로 신호가 오는 것 등이 우리 몸의 항상성을 유지하기 위함이다.

이 자율신경에 교감신경과 부교감신경이 있는 것이다. 교감신경은 우리의 몸을 방어하기 위해 긴장을 유발하는 성질이 있고, 부교감신경은 우리의 몸을 원래대로 회귀하기 위해 이완하는 성질이 있다.

다시 길을 가다가 지갑이 떨어져 있는 것을 발견하는 상황으로 가보자.
길을 가다가 우연히 무엇을 발견했다. 이때 무언가에 대해 몸을 방어하도록 교감신경이 작동하면서 몸에 긴장을 유발한다. 하지만 자세히 보니 지갑이다. 긴장감은 살짝 안도감으로 바뀐다. 이러한 부분을 길항작용이라고 한다. 즉, 교감신경과 부교감신경은 서로 반대로 작용하려는 경향이 있다. 그 지갑 안에 무엇이 들어있는지를 보니 현금이 가득하다. 그 돈을 보니 가슴이 뛴다. 긴장감이 안도감으로 바뀌고 다시 설렘으로 바뀌는 과정이다. 그러면서 도파민이라는 호르몬이 나오게 되고 행복한 감정으로 바뀐다.

인간의 신체는 이처럼 매우 복잡 미묘한 체계를 이루고 있다. 특히, 감정과 연관이 있는 자율신경계는 최고로 복잡하면서 섬세한 시스템으로 이루어져 있다. 이러한 메커니즘과 시스템을 정확히 알고 있어야 감정을 드러낼 때와 숨길 때의 교감과 부교감신경의 역할을 이해할 수 있고 그로 인한 처세를 현명하게 할 수가 있다.

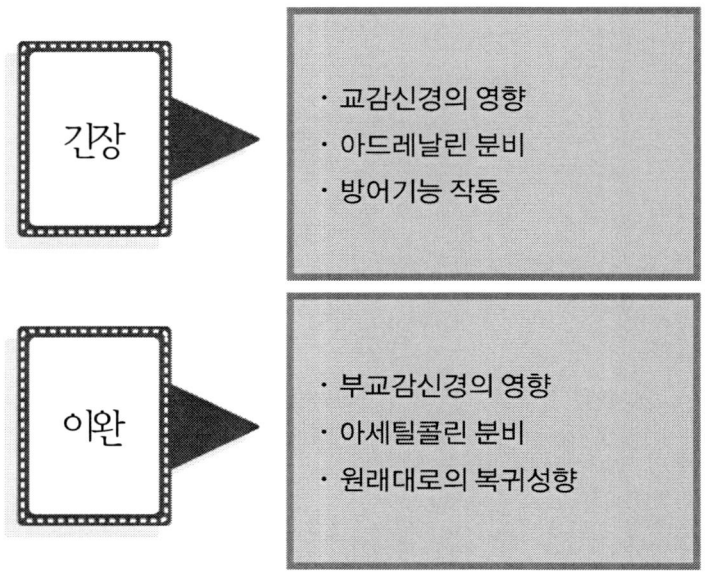

part 3.

상황과 감정

1. 상황과 감정

감정이 어려운 이유는 추상적이면서도 매우 가변적이기 때문이다. 화날 때, 기쁠 때, 슬플 때 등에 따라 감정은 변화한다. 그리고 감정은 매우 복잡 미묘하다. 감정이 복잡한 이유는 어떠한 하나의 감정이 일관적으로 지속되는 것이 아니라, 상황에 따라 슬프다가도 기뻐지거나 기쁘다가도 슬퍼지는 형태의 가변성을 보이기 때문이다.

이처럼 감정은 다루기가 어렵다. 그리고 조절하는 것은 더더욱 어렵다. 하지만 그것은 감정을 잘 모를 때 그렇게 느껴지는 것이다. 만약 감정을 정확히 이해하고 감정의 성격과 성향을 정확히 인지할 수 있다면 그렇게까지 감정은 어려운 것일까? 그렇지 않다.

우리가 이제껏 감정이 어렵다고 느끼는 것은 감정 자체가 추상적이고 감정은 다루기가 어렵다고 느껴왔기 때문이다.

가령, 우리가 어떤 친구가 나에게 내 행동에 관해서 지적해서 서운함을 느꼈다면 '왜 그 당시에 그런 서운함을 느꼈는지'에 대해 나중에 인지하게 된다. 그리고 그 당시에 '왜 포커페이스가 안 됐는지'에 대해 후회를 하게 된다.

이유는 하나이다. 감정이 어렵다고 느끼기 때문이다. 감정은 후행적이고 추상적이고 개별적이라 어렵다고 느끼기 때문이다.

그렇다면 반대로 감정을 알게 되면, 감정의 성향과 성질을 이해하게 되면 어떨까? 그렇다면 상황은 달라질 것이다.

'왜 화가 나는지 그리고 화가 날 때 내 몸이 어떻게 반응하는지 그러한 반응에 따라 나는 어떻게 대처할 수 있는지'를 정확히 이해하고 판단하면 감정을 이해하고 다루는 것이 어렵지만은 않을 것이다.

감정은 그렇기 때문에 감정을 정확히 분석하고 인지해야 우리는 다양한 상황에 대한 감정에 대처할 수 있고 다양한 상황에 따라 감정도 달라진다.

상황에 따라 감정이 어떻게 달라지는지 또한, 감정은 상황에 따라 어떠한 형태를 지니고 있는지를 정확하게 파악해야 감정에 대해 분석을 할 수 있다고 말할 수 있다. 그래서 저자는 대화를 통해 감정에 대한 성향을 분석하고 감정의 성질을 그래프로 도식화하려고 한다. 그래야 과학적이고 분명하게 감정을 인지하는 데 도움이 될 수 있기 때문이다.

그렇다면 다양한 상황에 따라 감정이 어떻게 발생되고 감정은 어떠한 형태를 지니는지를 정확히 알아보자.

2. 기쁠 때

각박한 현대사회에서는 기쁨이라는 감정이 예전보다는 퇴색되었다. 아이러니하게도 우리는 기쁨을 위해서 살지만 정작 기쁨이라는 감정을 잘 느끼지는 못한다.

'기쁨'이라는 감정에 대해 생각해보자. 먼저 직장에서의 대화를 통해 기쁨을 분석해보자.

(직장에서의 대화)

오 과장 : 이번에 기획안 당첨됐어. 축하해.
홍 대리 : 감사합니다. 생각지도 못하게 돼서 너무 좋아요.
오 과장 : 능력 있네. 이번에 제주도 티켓도 준다던데 말이야.
홍 대리 : 아 그래요? 제주도 가본 지 오래됐는데 다행이네요.
오 과장 : 그래? 완전 좋겠네. 나도 분발해야겠네.
홍 대리 : 과장님은 언제든지 하실 수 있잖아요.
오 과장 : 아냐. 이제 머리가 녹슬었어.

홍 대리가 직장에서 기획안에 당첨이 되었다. 이를 보던 오 과장이 부러움에서 칭찬을 하고 이에 홍 대리는 '기쁨'을 느끼고 있다. 긴장에는 두 가지가 있다. 하나는 '좋은 긴장' 그리고 나머지 하나는 '나쁜 긴장'이다. 기쁨은 긴장 상태에서 도파민이라는 호르몬이 나오면서 발생하는 반응 조절의 좋은 긴장의 감정 형태이다.

오 과장이 홍 대리를 불렀을 때, 홍 대리는 '어 뭐지?'라는 긴장을 하게 된다. 그리고 그 긴장은 오 과장의 칭찬의 말에 안도로 바뀌고 기분 좋은 긴장의 형태인 기쁨으로 바뀌는 것이다. 그때 나오는 호르몬이 도파민이다. 도파민은 부신피질호르몬에서 신체에 기분 좋은 느낌을 전달해 주는 신경 전달물질이라 할 수 있다. 이러한 도파민의 영향으로 '기분 좋음'을 느끼게 되는 것이다.

그리고 그때의 그래프는 기분 좋은 긴장의 상승곡선 형태로 도식화할 수 있다.

상황과 감정

3. 화가 날 때

지금의 바쁜 현대인들은 긴장도가 현저히 많다.

특히 한국사회는 무엇이든 '빨리빨리.'라는 문화가 횡행하기 때문에 더욱 그렇다고 할 수 있다. 이러한 긴장은 '화'로 이어질 확률이 높다. '화'라는 감정에 대해 생각해보자. 정류장에서의 대화에서 예를 들어보자.

> (정류장에서의 대화)
>
> 상대방 : 조금만 비켜주세요!
>   나   : 저기요. 여기 다른 사람 줄 서 있는 거 안 보이세요?
> 상대방 : 제가 급한 용무가 있어서 그래요.
>   나   : 누군 다 안 급해서 이렇게 기다리나요?
> 상대방 : 아 진짜 되게 깐깐하시네. 당신이 뭔데 가르쳐 들려고 해?
>   나   : 뭐요? 어따 대고 반말이야?

상대방이 조금만 비켜달라고 하는데, 추위에 떨고 있던 나는 그 말에 긴장이 되면서 갑자기 짜증이 일어난다. 맥박은 빨라지고 호흡이 가팔라진다.

이러한 감정을 '화'라고 한다. 화는 교감신경이 나쁜 긴장을 유발하면서 거기에 아드레날린이라는 호르몬이 분비되어 더욱 긴장을 높이는 감정이다.

즉, 신체를 보호하기 위해 더욱 긴장도를 높여서 공격성을 더하는 반응 조절 형태가 바로 '화'라는 감정인 것이다. 그때의 그래프는 밑의 도식과 같이 매우 칼처럼 날카로운 형태의 직선을 띤다.

화라는 감정은 매우 극단적인 나쁜 긴장 상태의 연속으로 인해 맥박 매우 불규칙하게 빨라져서 호흡이 거칠어지게 된다.

4. 슬플 때

살다 보면 슬플 때도 자주 있다. 그런데 이 '슬픔'이라는 감정에 대해 생각해본 적이 있는가? 어느 순간 어떤 상황에 부닥쳐 있을 때 갑자기 눈물이 흐르거나 눈물이 맺힐 때 우리는 그러한 감정을 '슬픔'이라고 한다.

다음과 같은 상황에서 슬픔에 대해 구체적으로 알아보자.

(친구와의 대화)

친구 : 요새 어디 아파?
　나 : 아니야.
친구 : 뭐가 아니야? 아까 내가 뭐라고 해서 그래?
　나 : 아니라니까!
친구 : 근데 왜 그렇게 우울해?
　나 : 그냥... 지난번에 면접 본 거 떨어져서 그래...
친구 : 아... 그거 기대 많이 했었는데...

친구가 내가 우울해 있는 것을 보고 말을 건넨다. 나는 지난번에 간절히 바랐

상황과 감정

던 면접에서 고배를 마셔 우울해 하고 있다. 그런데 친구가 위로하자 갑자기 눈물이 맺힌다. 그리고 슬픔을 느낀다.

먼저 교감신경과 마찬가지로 부교감신경 역시 두 가지로 나눌 수 있다. 하나는 '좋은 부교감신경' 그리고 나머지 하나는 '나쁜 부교감신경'이다.

부교감신경은 전에 말했던 것과 마찬가지로 이완과 관련이 있다. 그런데 우울함이라는 감정은 부교감신경으로 인해 호흡이 느려지고 이완 상태로 몸이 유지가 되지만 그 이완 상태가 지나쳐서 기운이 빠진 상태로 유지되는 것을 말한다.

그런데 지금 친구가 지쳐 있는 상태에서 다시 면접에 떨어져 있는 것을 상기해 몸의 긴장 상태가 되고 그 긴장 상태에서 맥박은 빨라지고 호흡이 불규칙해지다가 그것을 해소하기 위해 외분비선을 자극해 눈물을 맺히게 하거나 나오게 하는 것이다. 그것은 바로 신체의 항상성의 영향 때문에 원래대로 복구하려는 의지를 담은 반응이라 할 수 있다.

5. 편안할 때

인간의 몸은 자신을 일정한 상태로 유지하기 위한 '항상성'의 작용으로 늘 긴장 상태에 놓일 수 없다. 그래서 긴장과 이완의 균형이 매우 중요한 이유이기도 하다.

사실 인간의 몸은 긴장과 이완의 연속이다. 때로는 긴장 상태에 많이 놓일 때도 있고 이완 상태에 놓일 때도 있다. 그런데 이러한 긴장과 이완 상태의 균형상태가 깨질 때 우리 몸은 적신호를 보낸다. 예를 들어, 면역력이 약해지거나 신체기능이 저하되는 그런 현상이 나타나는 것이다. 그것 또한 신체의 '내가 지금 아프니까 빨리 조치를 해!'라는 신호이기도 하다.

편안한 상태일 때를 생각해보자.

(집에서의 대화)

친구 : 자장면이랑 탕수육 실컷 먹었더니 배부르네.
나 : 그렇게. 간만에 배 터지게 먹었네.
친구 : (소파에 누워서) 조금만 누워서 있자. 졸리네.
나 : 나도 졸리다.
친구 : 방도 따뜻하고 배도 부르고 좋네...

친구와 음식을 먹고 소파에 기대니 편안해진다. 다시 말해, 기분 좋은 이완 상태에 놓이게 된다. 여기서 기분 좋은 이완 상태는 아세틸콜린이라는 호르몬의 작용과 함께 더욱 편안함이 배가 되는 상태이다.

아세틸콜린은 우리 몸을 더욱 이완 상태를 만들기 위해 신경전달 물질로 부신피질에서 분비되는 호르몬이다. 즉, 도파민, 아세틸콜린과 같은 호르몬은 우리 몸을 더욱 기분 좋은 상태로 만들고 아드레날린, 코르티솔과 같은 호르몬은 우리 몸을 보호하기 위한 호르몬이다. 이러한 아세틸콜린의 호르몬과 이완 상태가 맞물려 기분 좋은 이완 상태인 '편안함'을 만드는 것이다.

6. 우울할 때

예를 들어, 우리가 휴가를 받았다고 하자. 그래서 집에서 휴식을 취하고 있다고 생각하자. 한 일주일 동안은 그래도 편안할 수 있다. 그런데 일주일이 넘고 할 일도 없게 되고 슬슬 몸과 마음이 처지기 시작한다.

이완 역시 두 가지 종류가 있다. 하나는 '착한 이완'이고 나머지 하나는 '나쁜 이완'이다.

착한 이완은 편안할 때 느낌처럼 '아세틸콜린'이라는 호르몬의 영향을 바탕으로 기분 좋은 이완을 만든다. 하지만 우울할 때는 늘어진 이완으로 신체는 더는 몸이 처지지 않게 포도당을 만들게 되는데 이때 생성되는 호르몬이 '코르티솔'이다.

다음의 대화를 보자.

(직장에서의 대화)

정 과장 : 이번엔 최 대리가 승진 명단에 없네.
최 대리 : 네. 들었어요.
정 과장 : 열심히 실적도 내고 그랬는데 그게 인사고과에 반영이 안 됐나 봐.
최 대리 : 더 열심히 해야죠... 제가 능력이 부족한 건데요 뭐...
정 과장 : 너무 우울해 하지 마. 살다 보면 이런 날도 저런 날도 있으니까...
최 대리 : 네. 그래야죠...

정 과장과 최 대리가 인사에 대한 얘기를 나누고 있다. 최 대리는 승진심사에서 누락이 되었다는 보고에 낙담을 한 상태이다. 그러면서 이완은 밑의 그래프처럼 점점 더 처지는 방향으로 흘러가고 있다.

7. 미안할 때

살면서 미안한 감정은 실로 많이 느끼게 한다. 그리고 느끼고 있다. 미안하다는 감정은 어떻게 형성이 될까? 먼저 반응에서 시작된다. 어떤 환경이나 대상에게 '내가 지금 잘못을 했구나.' 또는 '실수를 했구나.'라는 생각이 든다.

(직장에서의 대화)

김 대리 : 유 진영 씨 잠깐 시간 돼?
유 사원 : 아, 네.
김 대리 : 진영 씨. 아까는 내가 조금 흥분해서 말을 했던 거 같아... 상처 받은 거 같은데 내 본심은 그게 아니니 너무 신경 안 썼으면 좋겠어... 미안해.
유 사원 : 아니에요. 제가 잘못했는데요 뭐.
김 대리 : 아무튼. 다시 잘 해보지 뭐.

즉, 인지를 한다. 앞에서도 말했다시피 감정은 지각과 인지의 복합적인 과정이다. 미안한 감정은 바로 인지의 과정에서 더욱 발현한다. 미안할 때는 상대방의 말이나 행동에 긴장 상태가 되면서 인지와 더불어 생기는 감정이다.

김 대리가 자신의 말실수를 자각하면서 유 사원에게 사과하고 있다. 긴장 상태에서 인지 함으로써 그래프는 밑에서와 같이 하향곡선을 띠고 있다. 이때, 만약 상대방이 기분 좋게 사과를 받아들여 준다면 긴장이 해소되면서 다시 기분 좋은 이완 상태로 바뀔 수 있다.

즉, 미안할 때는 상대방이 어떤 예상반응을 보일지 모르기 때문에 '내가 잘못했구나.'라는 인지와 더불어 긴장 상태가 되는 형태를 보인다.

화가 날 때 역시 기분 나쁜 긴장 상태이지만 화가 날 때는 자신을 방어하기 위해 아드레날린이라는 호르몬으로 인해 팽팽한 긴장 상태를 띠지만 미안할 때의 그래프는 화가 날 때의 그래프와는 달리 자신의 잘못을 인지하는 상태이기 때문에 상대방의 눈치를 보는 하향곡선의 그래프를 띠는 것이다.

8. 고마울 때

'고마움'이라는 감정은 어떻게 느껴지는 것일까?

상대방이 어떤 말이나 행동을 했을 때, 기분 좋은 형태로 바뀌면서 발현하는 '좋은 긴장'의 반응이라 할 수 있다.

고마울 때를 생각해보자. 상대방이 어떤 행동이나 말을 할 때 이완 상태일 수도 있고 긴장 상태일 수도 있다. 상대의 말과 행동에 지각하고 그 지각에 대한 반응으로 맥박이 빨라진다. 그리고 행복을 더 배가시키는 도파민이라는 호르몬과 함께 '좋은 긴장'으로 만들어 준다.

> (가정에서의 대화)
>
> 딸 : 요새 얼굴이 홀쭉해졌네. 밥 좀 먹고 다녀.
> 아빠 : 요새 회사 때문에 정신없어. 밥 먹을 시간도 없어요.
> 딸 : 아무리 일이지만 그 전에 아빠가 다 죽게 생겼다.
>   (건네주며) 이거 먹고 해.
> 아빠 : 이게 뭐야?
> 딸 : 홍삼이랑 이것저것 몸에 좋은 것들 섞은 거야. 먹고 좀 살 좀 쪄.
> 아빠 : ...

아빠와 딸의 대화이다.

아빠가 갑자기 무언가를 건넨다. 그런데 그것은 뜻밖에도 선물이다. 딸은 감동을 받는다. 여기서의 감동이란 긴장 상태에서 마음이 벅찬 상태 즉, 기분 좋은 긴장 상태를 만들어 주는 것을 말한다.

특히, 생각지도 못했을 때 더 큰 울림을 가져다주는 감정의 형태이기도 하다. 이완 또는 긴장 상태에서 어떠한 말이나 행동 후에 맥박이 빨라지기 시작한다. 이때 도파민이라는 호르몬과 결합해서 기분이 좋게 된다.

간혹 눈물이 같이 나오는 경우도 있는데 그 이유는 긴장 상태에서 그 긴장 상태에서 맥박과 호흡이 빨라지는데 항상성 즉, 일정한 상태를 유지하기 위해 외분비선인 눈물샘에서 눈물을 배출함으로써 긴장 상태를 다시 이완 상태로 바꾸기 위함이다.

그래서 눈물은 나오면서 미소가 같이 생기는 이유이기도 하다. 즉, 내분비선인 도파민이라는 호르몬과 외분비선인 눈물샘의 역할로 인해 표출되기도 한다. 그렇기 때문에 밑의 그림과 같이 그래프는 상향곡선을 띠고 기분 좋은 긴장을 만들고 있다.

9. 그리울 때

누군가를 그리워한다고 할 때는 사실 두 가지의 형태이다.
하나는 기분 좋은 그리움, 다른 하나는 기분이 가라앉는 형태의 그리움이다.
예를 들어, 생각만 해도 기분 좋게 만드는 연예인이나 아니면 곧 보게 되는 사람을 생각한다면 기분이 좋은 긴장 상태가 되어 '좋은 긴장'을 만들어 낸다. 하지만 이루어지지 못하는 관계나 대상을 생각할 때는 인지와 더불어 '나쁜 이완'을 만들어 내기도 한다. 그렇기 때문에 '그리움'이라는 감정의 형태는 두 가지의 느낌이 공존할 수 있다.

(친구와의 대화)

　나　: 요새는 어때? 좀 견딜 만해?
친구 : 미국에 있으니 자주 연락을 할 수 없으니, 더 답답하지 뭐...
　나　: 그렇게. 2년이 생각보다 기네... 많이 보고 싶겠네.
친구 : 한국에 있을 때는 이맘때 진짜 많이 놀러 가고 그랬거든...
　나　: 이번 가을에 또 온다고 했으니 그때까지만 참아봐. 그리고 어디로 놀러 갈지 계획도 세우고...

미국에 지내는 친구의 안부를 묻고 있다. 그러자 친구가 내가 보고 싶어 '그리움'이 샘솟는다. 이때 그리움은 보고 싶은 마음 즉, 인지에서 비롯된 반응이다. 그리고 그 반응으로 인해 호흡이 가라앉게 된다. 여기서의 느낌을 긍정적일 수도 있고 우울한 느낌일 수도 있다.

그것은 반응에 따라 다를 수 있다. 만약, 그리움이 희망적인 느낌이라면 감정의 그래프 역시 상승곡선을 띠며 기분 좋은 긴장 상태를 만들지만, 부정적이거나 절망적인 느낌이라면 우울함의 감정처럼 하향곡선을 띠며 기분 나쁜 이완 상태를 만들 수 있다.

10. 긴장할 때

긴장을 할 때를 생각해 보자.

긴장이 만들어지는 이유는 교감신경의 영향이라고 전에도 거론했었다. 그렇다면 '왜 긴장을 할까?' 긴장하는 이유는 여러 가지가 있지만 대부분 자신을 방어하거나 보호하기 위해서이다. 즉, 항상성의 영향으로 인해 신체를 방어하기 위해서 근육이나 신경을 경직되게 만드는 것이다.

상황과 감정

(자기소개)

안녕하세요. 여러분.
저는 오늘 이 자리에서 저의 소개를 하려고 하는데요...
사실 제가 이런 자리가 어색해서 무슨 말을 해야 하는지...
걱정이 되는 데요... 일단 무슨 말이라도 해야겠죠...
아무튼 앞으로 잘 부탁드립니다.

위의 자기소개에서 볼 수 있다시피 발표자는 긴장을 하기 때문에 말이 어눌하게 나오거나 시선이 불안정한 특징을 보인다.

사람들을 의식하기 때문에 신체는 자신을 방어하기 위한 시스템을 가동한다. 그 시스템으로 인해 근육들이 긴장을 한다. 즉, 그 시스템이란 감정을 조절하기 위한 자율신경, 그리고 그 중에 교감신경의 영향을 받기 때문이다. 그래서 맥박이 빨라지고 호흡이 불규칙하게 되는 것이다. 이때 몸을 더 방어하기 위한 시스템이 작동하게 되면 아드레날린이라는 호르몬이 분비되어 몸이 방어와 공격을 위한 준비를 하게 된다.

이처럼 신체는 항상성에 의해 조절을 하게 되고 그 조절은 바로 자율신경의 역할이다. 그리고 자율신경 중 긴장을 유발하는 교감신경, 이완을 유발하는 부교감신경으로 인해 감정이 형성되는 것이다. 또한, 그러한 감정은 지각과 인지와 더불어 대부분 일어나게 되므로 한 가지 감정이 아니라 다양한 감정이 복합감정으로 일어나게 된다. 가령, 연인과 헤어질 때 슬프지만 웃는 이유는 지각과 반응의 과정으로 인해 눈물이 나오지만 '내가 여기서 눈물을 보이면 안 되겠다.'라는 인지의 과정으로 인해 눈물을 참고 미소를 띠는 것이다. 길을 가다가 넘어질 때도 마찬가지이다. 지나가다가 돌부리에 걸려 넘어지게 되면 통증이 생긴다. 그리고 그 통증을 완화하기 위해 아드레날린이 분비된다. 이때까지의 감정은 지각과정에 의한 반응이지만 이후 사람들을 의식해서 아프지 않은 척을 하는 것은 인지의 과정인 것이다. 그렇기 때문에 감정은 복잡 미묘한 형태를 띠는 것이다.

하지만 결국은 '긴장'과 '이완'이다. 긴장과 이완이 매우 섬세하고 미묘한 형태를 띠는 것을 감정이라고 하는 것이다. 이것을 잘 이해하고 인지하면 향후 감정 조절과 표현에 많은 도움을 받을 수 있다.

part 4

인간관계와 감정

1. 인간관계와 감정

인간관계에 있어서 감정은 매우 중요한 역할을 한다.

우리가 사회생활에서 스트레스를 받는 가장 큰 이유는 무엇일까? 과도한 업무량? 승진? 물론 그런 것도 포함되어 있지만 가장 우리를 힘들게 하는 것은 바로 '인간관계'에서 오는 감정 스트레스이다.

그렇다면 우리는 대인관계에서 왜 감정적인 스트레스와 고민을 갖는 것일까?

거기에 대한 해답을 찾으려면 먼저 인간의 심리에 대해 알아봐야 한다. 우리가 대인관계를 맺을 때 어려운 이유는 상대방의 마음을 이해하고 파악하는 것이 쉽지 않기 때문이다. 즉, 내 마음 같지 않아서이다. 왜냐하면 사람은 바로 '자존심'이라는 것이 있기 때문에 쉽게 마음을 열거나 마음을 움직이는 것이 생각보다 어렵다.

자존심이란 무엇인가?

> **남에게 굽히지 아니하고 자신의 품위를 스스로 지키는 마음**

자존심의 사전적 의미는 '남에게 굽히지 아니하고 자신의 품위를 스스로 지키는 마음'이다. 스스로를 지키는 행동과 마음은 어찌 보면 자연의 법칙이기도 하다. 또한, 그것은 생존의 법칙이기도 하다. 사람은 스스로를 지키려는 마음이 크기 때문에 상대방의 마음을 움직이거나 파악하는 것이 어려운 것이다.

자존심이란 타인에게서 자신을 지키려는 마음이다. 그렇기 때문에 우리는 타인에게 마음을 쉽게 열지 않게 되고 감정을 추스르고 포커페이스를 유지하는 것이다. 인간의 감정은 자존심과도 깊은 연관이 있다. 왜냐하면 자존심으로 인해 즉, 자신을 타인으로부터 보호하기 위해 때로는 감정을 숨기기도 하며 때로는 일부러 감정을 드러내기 때문이다.

자존심이 타인의 관계에서 비롯된 것이라면 스스로의 관계에서 비롯된 작용도 있다. 그것은 바로 '항상성'이다.

> **생물체 또는 생물 시스템이 외적 및 내적인 여러 가지 변화 속에 놓여 있으면서도 형태적 상태, 생리적 상태를 안정된 범위로 유지하여 개체로서의 생존을 유지하는 성질.**

항상성이란 생존을 유지하는 성질 즉, '스스로의 생존을 위해 일정한 상태로 유지하려는 성질'을 말한다.

스스로를 일정한 상태로 유지하기 위함이란 조절기능과 관련이 있고 이러한 조절기능은 감정과 깊은 연관이 있는 것이다. 왜냐하면 감정이란 반응으로 인한 눈물, 웃음, 호흡, 땀 등의 부산물이고 부산물은 반응으로 인한 긴장과 이완의 자율신경의 조절작용이기 때문에 결국은 항상성은 감정과 밀접한 관련이 있다는 등식이 성립하게 된다.

따라서 인간관계에서 자존심과 항상성을 제대로 이해한다면 대인관계에서 비롯된 감정과 처세를 잘 이해할 수 있다.

2. 감정을 드러낼 때

예컨대, 버스정류장에서 줄을 서서 택시를 기다리고 있다고 생각해 보자.

나는 줄을 차례대로 서서 추운 날씨에도 불구하고 택시를 기다리고 있는데, 갑자기 어떤 사람이 새치기를 한다. 거기서 뭐라고 할지를 생각한다. 화가 나고 짜증이 나지만, 괜히 뭐라고 했다가 시비가 붙을까봐 결국 아무 말도 하지 않는다.

직장에서도 마찬가지이다.

김 과장이 자꾸 나한테만 심부름을 시킨다. 분명 나보다 늦게 들어온 신입사원들도 많고 이제 나는 대리 3년차인데 잔심부름까지 나한테 시킨다. 물론 나와 다년간 호흡을 맞췄기 때문에 어느 정도 이해는 가지만 내 업무도 너무 많은데다가 김 과장의 말을 안 들었다가 괜히 밉보일까봐 여러 가지 고민이 많다.

'얘기를 할까? 어떻게 말을 건네지? 못들은 척 할까? 아니면 무시할까? 한 번 짜증을 내볼까?' 여러 가지 생각을 해 보지만 해답이 떠오르지가 않는다. 이처럼 감정을 드러내야 될 때 상대방의 입장, 나의 입장 등 많은 부분을 생각하게 된다. 자칫 함부로 감정을 드러내면 오히려 인간관계에 악영향과 부작용을 야기할 수도 있기 때문이다.

감정을 드러내는 것이 비단 감정 표현의 문제는 아니다. 나의 자존심과 상대방의 자존심 그리고 신체의 항상성 등 다양한 각도에서 생각을 해봐야 하기 때문이다. 즉, 자존심과 항상성의 기준으로 자신에 대한 그리고 자신과 타인에 대한 감정 역학을 이해할 수 있다.

그렇다면 감정을 드러낼 때를 생각해보자.

(미안할 때)

길을 가다가 상대방과 부딪혀 마시던 커피를 쏟는다.

상대방 : (옷을 만지며) 앗, 차가워.
  나   : 앗, 죄송해요.
상대방 : 좀 조심했어야죠...
  나   : 죄송해요. 제가 세탁비 변상해 드릴게요.
상대방 : 아 아니에요. 괜찮아요.
  나   : 정말 죄송합니다.

길을 가다가 상대방과 부딪혀서 커피를 쏟았을 때 먼저 상황에 대해 지각을 하게 된다. 그리고 상대방에 대한 반응을 본다. 이때 상대방은 옷에 커피가 쏟아졌기 때문에 당황한다. 그 모습에 나 역시 긴장을 하고 맥박이 빨라진다.

이때 교감신경으로 인해 일어나는 긴장을 '당황'이라고 할 수 있다. 그러면서 상황을 인지한다. '상대방이 당황했겠다. 이제 어떡하지?'라는 인지와 더불어 맥박이 다시 빨라지고 날숨의 호흡이 나온다. 이때의 긴장을 '미안함'이라 할 수 있다.

이처럼 미안함은 인지와 더불어 안절부절 못하는 행동과 함께 드러나는 감정이라 할 수 있다.

1. 상대방에 대한 반응
2. 당황
3. 교감신경과 함께 긴장 유발
4. 인지와 더불어 미안해 하는 행동

(공감할 때)

나 : 오늘 무슨 일 있었어?
친구 : 아니야. 그냥 좀 일이 있었어.
나 : 무슨 일인데?
친구 : 엊그제 사귀던 여자 친구랑 헤어졌어…
나 : 흠… 둘이 많이 좋아했는데 힘들었겠다…
친구 : 음… 내가 괜한 오해로 화를 냈는데 그게 그 친구한테는 상처였나 봐…

　친구가 안색이 안 좋아서 이유를 묻자 여자 친구와 헤어져서 기분이 매우 좋지 않음을 느낀다.
　먼저 친구의 반응에 당황한다. 그리고 교감신경으로 인해 긴장을 한다. 조심스럽게 긴장 상태에서 이유를 묻는다. 여자 친구 때문이라는 것을 인지하며 고민한다. 그러면서 '어떻게 이 친구에게 도움이 되는 말을 할까?'를 생각한다. 그러고 나서 친구의 얘기와 감정에 동조를 하며 공감을 한다.
　공감이라는 감정 역시 인지와 더불어서 다음에 일어날 말과 행동에 대한 표현을 한다. 바로 그러한 부분이 감정을 드러내는 것이라 할 수 있다.

1. 상대방의 얘기를 듣는다.
2. 반응
3. 교감신경과 함께 긴장
4. 인지와 더불어 공감하려는 노력

호응도 공감과 비슷한 감정이라 할 수 있다.

> (호응할 때)
>
> 유 과장 : 이따 술 한 잔 할래? 내가 살게.
> 김 대리 : 무슨 좋은 일 있으세요?
> 유 과장 : 이번에 우리 아들이 수학경시대회에서 상 받았잖아.
> 김 대리 : 아 그래요?
> 유 과장 : 나 닮아서 그런지 영특하네.
> 김 대리 : 아드님이 머리가 좋은가 봐요.
> 유 과장 : 그냥 그렇지 뭐.

유 과장이 자식자랑을 하자 김 대리가 이에 호응을 한다. 호응이라는 감정 역시 인지와 더불어서 다음에 일어날 말과 행동에 대한 표현을 한다. 바로 그러한 부분이 감정을 드러내는 것이라 할 수 있다.

1. 상대방의 얘기를 듣는다.
2. 반응
3. 인간관계에 따라 교감신경과 부교감 사이에 의한 긴장과 이완.
4. 인지와 더불어 호흥의 반응을 함.

이번에는 감사할 때이다.

(감사할 때)

오빠 : 요새 별 일 없어?
동생 : 그냥 공부하고 학교 다니고 그렇지.
오빠 : (물건을 건네며) 자..
동생 : 이게 뭐야?
오빠 : 선물이야. 책이 많아서 좀 큰 가방 샀어.
동생 : 와. 나 이거 완전 필요했는데... 고마워.
오빠 : 좋아하니 다행이네.

오빠가 동생한테 가방을 선물한다. 동생은 처음에는 몰랐다가 긴장 상태에서 가방을 지각하고 인지를 하며 기분 좋은 상태로 바뀐다. 도파민과 함께 좋은 교감신경이 작용해서 설렘과 감동을 만든다.

그래서 동생은 맥박이 뛰어서 어찌할 바를 모르다가 상황의 인지와 더불어 '너무 고마운데 어떻게 보답하지?'라는 생각을 한다. 그리고 말과 행동으로 감정을 드러낸다.

1. 생각지도 못한 일이 발생
2. 잠시 당황
3. 도파민과 함께 기분 좋은 교감 신경

3. 감정을 숨길 때

사회생활을 하다보면 의도하든 그렇지 않든 감정을 숨기거나 포커페이스를 유지해야 할 때가 많다. 누구나 감정을 숨겨야 할 때 숨기지 못해서 손해를 본 경우가 있을 것이다.

직장생활을 예를 들어보자.

내가 기분이 안 좋은데도 직장상사의 말을 들어야 할 때, 내가 열심히 준비해 온 보고서에 대해 상사가 기분 나쁘게 지적을 하는 경우, 며칠 동안 밤을 새워 준비한 기획안을 보고 핀잔을 주는 경우 등 수없이 많다. 그럴 때마다 감정조절이 되지 않아 낭패를 본 경우가 있을 것이다.

가정에서도 마찬가지이다.

남편이 늦게 들어와서 왜 늦게 들어왔냐고 물었더니, 그런 걸 왜 묻느냐고 도리어 따진다. 얼굴이 달아오르기 시작한다. 맥박이 빨라지고 호흡이 빨라진다. 언성이 올라가고 결국 다툼으로 이어진다. 그리고 그 다음날 서로 후회한다. '그때 조금만 참을 걸...', '왜 그 당시에 화를 냈을까?' 하지만 후회해도 소용없다. 왜냐하면 시간을 돌이킬 수 없기 때문이다. 바로 그러한 점이 어렵고 무서운 점이다.

타인과의 관계에서도 그렇다.

어느 날 친구와 약속을 했는데 그 친구가 오지 않는다.

10분 20분 30분 1시간… 시간이 지날수록 점점 짜증이 밀려오기 시작한다. 1시간 쯤 지나서야 저 멀리서 오는 지인의 모습이 보인다. 친구가 '많이 기다렸지?' 하면서 미안한 척을 하지만 나의 굳은 얼굴에서 억지로 미소를 짓는 것이 힘들다. 게다가 자꾸 나에게 삐졌냐고 묻는다. 결국 화가 폭발하고 만다. 그리고 몇 달 동안 서로 얼굴을 보지 못한다.

감정을 숨기는 것 역시 쉽지가 않다. 나의 자존심과 타인의 입장, 항상성 등 여러 가지가 병행되기 때문이다.

(싫은 사람과 있을 때)

송 과장 : 요새 무슨 일 있어?
김 대리 : 아니요.
송 과장 : 지난번에 승진시험에서 떨어져서 그래?
김 대리 : 그런 거 아니에요.
송 과장 : 뭐가 아니야? 맞네. 좀 훌훌 털어 버려. 또 기회는 오겠지.
김 대리 : 알았어요. 과장님
송 과장 : 내 얘기 기분 나빠?

송 과장만 보면 짜증이 난다. 눈치도 없고 센스가 없기 때문이다. 그런데 직장 상사다 보니 내 기분과 감정을 다 분출할 수도 없는 노릇이다.

송 과장을 보니 또다시 나쁜 긴장이 생긴다. 그리고 나를 방어하기 위한 아드레날린이 샘솟는다. 하지만 '더러워도 직장 상사이니 참아야지…'라는 인지와 함께 억지로 미소를 짓는다.

1. 싫은 사람과 마주침
2. 반응
3. 교감신경과 함께 방어하려는 아드레날린 분비
4. 인지와 더불어 자연스럽게 하려고 함

거짓말을 할 때도 마찬가지이다.

(거짓말을 할 때)

최 과장 : 엊그제 강남 영화관에서 영화 봤지?
유 대리 : 네?
최 과장 : 어떤 아리따운 아가씨랑 스킨십 하면서 영화 보던데…
유 대리 : 아니에요.
최 과장 : 에이, 영화 봤잖아.
유 대리 : 저랑 닮은 사람인가 보죠.
최 과장 : 진짜?

눈치 없고 오지랖 많은 최 과장이 꼬치꼬치 캐묻는다. 유 대리는 최 과장의 반응에 나쁜 교감신경이 발현되어 맥박이 빨라지고 아드레날린이 나오며 긴장을 한다. 하지만 가만히 있으면 보나마나 계속 캐물을 것이 뻔하다. 그런 인지 때문에 다시 자연스럽게 여유를 찾으려 하며 '저랑 닮은 사람입니다.'라며 거짓말을 한다.

1. 상대방에 대한 반응
2. 교감신경에 의한 긴장과 방어를 위한 아드레날린
3. 인지와 함께 자연스럽게 행동하려는 노력

화를 낼 때 역시 나쁜 긴장이 된다.

> (화를 낼 때)
>
> 상대방 : 아니, 차를 이렇게 대면 어떻게 해요?
> 나 : 뭐가요. 이 정도면 반듯이 댄 거잖아요.
> 상대방 : 혹시 눈이 삐었어요? 이따위로 댄 게 잘한 거예요?
> 나 : 말 조심 해요! 이따위라뇨?
> 운전자 : 당신이나 행동 조심해! 어디서 주차를 이따위로 해?
> 나 : 아휴. 진짜!

주차장에서 나는 배려해서 차를 대고 나왔는데 삐딱하게 주차를 했다면 나에게 짜증을 내는 운전자를 지각한다. 교감신경이 발현되어 나쁜 긴장이 생긴다. 이때는 나를 방어하고 상대방을 공격하기 위해 아드레날린이 더욱 분출된다. 하지만 그렇게 될 경우 싸움이 벌어질 수 있다는 생각이 든다. 그래서 최대한 자제를 하고 차분히 얘기를 하려 한다.

1. 반응
2. 교감신경에 의한 긴장과 공격적인 아드레날린
3. 상황에 따라 인지의 여부

이처럼 다양한 상황에서 감정을 숨길 때가 많다. 감정을 있는 그대로 표현하면 어쩌면 우리 사회는 약육강식의 세상이 될 지도 모른다. 그래서 때로는 연기가 필요한 것이다. 그리고 그러한 연기적인 부분은 감정 처세를 하는데 많은 도움을 줄 수 있다.

인간관계와 감정

4. 갈등이 생길 때

살다보면 다양한 상황에서 갈등이 생긴다.
  때로는 부모와 자녀를 비롯한 가정에서의 갈등, 때로는 직장에서 상사와의 갈등, 남녀와의 갈등, 세대 간의 갈등 등 어떻게 보면 갈등사회 속에 살고 있다고 해도 과언이 아니다.

상대방과의 대화를 통해 교감신경으로 인해 긴장이 생기고 긴장으로 인해 맥박이 빨라진다. 이때는 사실 자신을 보호하기 위해 아드레날린과 같은 방어적인 호르몬이 발생하기 때문에 인지의 능력이 떨어지게 된다.

갈등이 생길 때 흥분하면 안 좋은 이유는 바로 객관적인 생각을 하는 능력이 떨어지기 때문이다.

  왜냐하면 교감신경이 발현하게 되면 긴장 상태가 유지되고 긴장을 한다는 것은 자신의 몸을 방어하기 위해 공격성향을 지닐 수 있다는 것이다. 그렇기 때문에 자신을 방어하는데 집중하고 상대방과의 객관적이고 이성적인 대화보다는 교감신경으로 인해 맥박이 빨라지고 호흡이 불규칙해지기 때문에 감정적인 상태가 되기 십상이다.
  여기서 중요한 부분은 그러한 것을 인지를 하느냐 하지 못하느냐이다. 인지를 하게 되면 다시 호흡을 가라앉히는 행동이나 생각으로 교감신경을 비활성 시키는데 도움을 줄 수 있지만 그렇지 못할 경우는 지속적인 감정상태가 된다.

1. 상대방과의 대화
2. 반응
3. 교감신경으로 인한 긴장
4. 방어를 하기 위한 아드레날린
5. 인지의 여부에 의한 행동

5. 타협할 때

타협을 한다는 것은 교감신경으로 인한 긴장 상태를 비활성화 시켜서 인지를 통해 객관적으로 생각하려는 노력을 한다는 의미이다.

그리고 인지적인 관점으로 봤을 때, 역지사지의 생각으로 상대방의 입장을 헤아리는 것을 의미한다. 이때는 최대한 교감신경을 비활성화 시키는 노력이 필요하다. 또한, 차분하고 객관적인 생각으로 상대방의 입장에서 생각을 하면서 구체적인 해결방안을 유도하는 것이 중요한 부분이다.

타협의 경우 먼저 긴장 상태 즉, 교감신경이 활성화 되어 있는 부분을 최대한 차분한 생각과 인지로써 비활성화 상태로 만들면서 객관적인 생각을 확보하는 것이 중요하다.

내가 중요한 만큼 상대방도 중요하다는 생각 그리고 타인의 입장에서 한 번 더 고려할 때 타협은 이루어질 수 있다.

문제는 내 것을 안 빼앗기면서 남의 것을 얻으려고 생각하는 이기심이다. 타협은 반드시 Give and take가 선행되어야 가능하다. 즉, 내 것을 하나 주고 타인의 것을 하나 가져와야 하는 생각이 있어야 되는 것이다.

그런데 그러한 인지상태와 더불어 교감신경으로 인해 예민해져 있는 감정 상태를 얼마나 낮추는가가 타협에서는 매우 중요한 부분이다.

타협은 객관적이고 합리적인 생각에서 비롯되어야 하는데 교감신경으로 인한 감정 상태는 바로 그러한 부분에 방해가 되기 때문이다.

따라서 감정 상태를 어떻게 원활하게 조절하고 감정을 통제하는가는 인지적 판단과 생각을 하는데 필수적인 역할을 할 수 있다. 그렇기 때문에 앞으로 우리는 감정을 어떻게 조절하고 다룰 수 있는지에 대해 알아볼 것이다.

1. 교감신경으로 인한 긴장
2. 인지를 통해 객관적으로 생각하려 함
3. 상대방과 차분히 대화로 구체적 해결방안 유도

part 5.
감정과 행동

1. 감정은 왜 조절이 어려운가?

우리는 다양한 상황에서 때로는 감정을 숨겨야 할 때와 감정을 드러내야 할 때를 알고 있음에도 불구하고 감정조절을 못해서 현명하지 못하게 상황을 끌고 가는 경우가 많다.

가령, 직장에서 때로는 싫어하는 상사 앞에서 웃음을 보여야 할 때도 있음에도 감정 표현이 안돼서 애를 먹는 경우가 있다.

그리고 얘기를 하다가 화가 머리끝까지 차오르는데 얼굴이 붉으락푸르락해서 상대방에게 내 감정을 다 들키는 경우도 있다.

결국, 감정조절을 잘 하지 못하게 되면 다양한 상황에서 애를 먹기 때문에 인간관계에서 주도권을 잡지 못하는 경우가 생기게 된다.

과연 감정조절을 마음먹은 대로 할 수 있는 사람이 있을까?

감정조절이 힘든 이유는 감정자체가 미리 예측해서 나오는 것이 아니라, 순간 순간의 반응과 조절에서 나오는 예측하기 힘든 작용이기 때문이다.

예를 들어, 오랫동안 연애를 한 남자가 있었는데 어느 날 여자가 할 말이 있다고 한다. 그래서 카페에서 만났다. 분위기가 심상치 않았지만 남자는 애써 태연해하며 커피를 마시고 있다. 이미 남자는 살짝 긴장 상태이다. 그런데 여자가 헤어지자고 한다. 여기에 반응을 보인다. '아 올 것이 왔구나.' 교감신경의 발현으로 긴장 상태는 더욱 높아지고 맥박이 빨라진다. 맥박이 빨라지기 때문에 호흡이 거칠어지고 얼굴이 빨개지며 땀이 난다. 그리고 외분비인 눈물이 항상성의 영향으로 생긴다.

여기서는 여자의 헤어지자는 말이 자극이 될 수 있다. 그 말에 남자는 지각을 하는 것이고 그 반응의 부산물로 땀과 눈물이 나는 것이다. 이처럼 감정은 순간의 반응으로 인한 부산물이기 때문에 후행적이다. 그래서 인지적인 조절이 어려울 수밖에 없다.

게다가 감정은 후행적이면서 즉각적이기 때문에 더 어려운 부분이 있다.

그렇다면 우리는 순간순간의 감정에 끌려 다녀야 하는가? 이것을 조절할 방법은 없는가? 거기에 대한 해답을 얘기하기 전에 조금 더 자극과 반응에 대한 부분을 알아보자.

2. 감정과 자극

감정은 자극에 의한 반응이라고 얘기했다.

예를 들어, 길을 가다가 우연히 누군가를 마주쳤는데 갑자기 나한테 인사를 한다. 상대방의 입장에서는 나를 인지하고 바라보며 아는 체를 하는 것이지만 내 입장에서는 아는 체를 당하는 것이 된다.

왜냐하면 상대방은 이미 나를 지각을 한 상태에서 판단을 통해 능동적으로 행동을 하는 것이고 내 입장에서는 상대방이 누군지 모르는 상태에서 인사에 의한 반응과 더불어 나오는 감정이기 때문이다.

그래서 감정에 선행되는 부분이 바로 '자극'인 것이다. 바꿔 말하면 자극이 없으면 감정이 생기지 않는다는 의미이다.

왜냐하면 감정은 자극에 의한 반응에서 비롯되고 반응에 의한 조절에서 생기는 작용이기 때문이다.

그렇다면 자극에 의한 반응만을 조절하면 되는 것인가? 하지만 실제로 감정을 조절하는 것은 단순하지가 않다. 왜냐하면 처음 자극에 의한 반응에서 오는 지각적인 부분이 1차적인 감정이라면 그 이후에 생기는 판단에서 오는 인지적인 부분이 2차적인 감정이기 때문이다.

즉, 감정은 지각의 감정과 인지적인 감정이 결합이 되는 부분이다.

길을 가다가 누군가가 나를 알아보고 인사를 했을 때의 반응을 생각해보면 처음에 그 사람을 오감으로 지각할 때를 1차적인 감정이라 할 수 있다. 이때는 그 사람에 대한 즉각적인 반응만 있을 뿐이다. 그리고 그러한 반응은 긴장과 당황이라는 감정을 야기한다.

2차적인 감정은 지각 후의 반응이다. '아 이 친구구나. 그런데 솔직히 별로 반갑지는 않네. 그냥 반가운 척을 하자.'라는 판단과 더불어서 미소를 띠며 반갑게 맞이한다. 여기서의 감정은 반갑지는 않지만 반가운 내색을 하는 감정이라 할 수 있다. 이러한 감정을 흔히 복합적인 감정 즉, 의식적인 감정이라 한다.

그리고 대부분의 감정은 지각에 의한 1차적인 감정이 아니라 지각과 인지가 결부되어 있는 복합적인 감정으로 이뤄진다.

하지만 지각과 인지 모두 자극에서 비롯되기 때문에 결국은 두 가지 모두 자극에 의한 반응 작용이라 할 수 있다.

3. 호흡과 감정

다시 한 번 질문을 해보자.
과연 그렇다면 감정을 통제하고 조절할 수 있는 방법은 없는 것인가?

이제부터는 그 해답을 찾고자 한다.
우리는 다양한 상황에서 때로는 감정을 숨겨야 할 때와 감정을 드러내야 할 때를 알고 있음에도 불구하고 감정조절을 못해서 현명하지 못하게 상황을 끌고 가는 경우가 많다.
결국, 감정조절을 잘 하지 못하게 되면 다양한 상황에서 애를 먹기 때문에 인간관계에서 피해를 보는 경우가 많다.
과연 감정조절을 마음먹은 대로 할 수 있는 사람이 있을까?
감정조절이 힘든 이유는 감정자체가 외형적으로 보이는 것이 아니라 내면적인 것이기 때문이다.
그렇기 때문에 우리는 외형적으로 보일 수 있는 것을 조절하는 방법을 채택해야 한다. 파블로프의 조건반사를 생각해보자.

파블로프의 조건반사는 다음과 같다.
개가 먹이를 먹을 때마다 종을 친다. 그러면 개에게 먹이를 주지 않고 종만 쳐도 개가 침을 흘린다는 내용이다. 그리고 이러한 학설을 '행동주의'라고 한다. 행동주의는 20세기 중반에 나온 학파로 환경이 내면을 지배할 수 있다는 이론이다.

감정과 행동

즉, 어떤 환경과 조건을 제시하면 그 환경이 내면적인 것을 바꿀 수 있다는 이론이다.

직장 상사에게 질책을 들었다고 가정해보자. 그때의 신체와 호흡의 변화를 살펴보자.

반응 → 교감신경 → 긴장 → 불안정 호흡

직장 상사가 "일을 그런 식으로 밖에 못해?"라는 얘기를 할 때 우리는 몸의 긴장을 느끼게 된다. 그리고 그 긴장은 불안정한 호흡을 일으킨다.

이번에는 일을 마치고 집에 들어와서 소파에 앉는 상황이라고 가정해 보자. 소파에 앉는 순간 몸의 이완이 느껴질 것이고 호흡 역시 편안하게 될 것이다.

반응 → 부교감신경 → 이완 → 안정 호흡

처음에 반응으로 인해 교감신경과 부교감신경이 작동하고 이러한 자극이 긴장과 이완을 만든다. 그리고 그 맥박의 변화로 일어나는 부산물이 호흡이다. 그렇다면 답은 여기 있다. 호흡을 조절하면 내면 즉, 감정을 통제할 수 있다는 등식이 성립한다. 즉, 감정을 조절하는 최고의 방법은 '호흡'이다.

들숨 기쁨, 설렘 행복, 만족 (긴장의 감정)	호흡	날숨 미안함, 동정심 우울함, 아쉬움 (이완의 감정)

호흡은 '들숨'과 '날숨'으로 나눌 수 있다. 들숨은 행복, 기쁨, 즐거움, 설렘 등을 조절할 수 있고 날숨은 우울함 탄식, 실망, 아쉬움 등의 부정적 감정을 조절할 수 있다.

더 정확하게 얘기하자면 긴장과 이완의 감정으로 설명할 수 있다. 긴장은 기쁨, 설렘, 즐거움 등의 '좋은 긴장'과 짜증, 분노 등의 '나쁜 긴장'으로 나눌 수 있다. 즉, 좋은 긴장의 감정을 더욱 살리려면 들숨을 통해 조절할 수 있다는 의미이다.

왜냐하면 우리가 누군가에게 선물을 받았다고 생각해보자. 긴장 상태에서 선물을 보고 맥박이 뛰고 도파민이라는 호르몬과 함께 호흡이 불규칙적으로 나오기 때문이다. 즉, 호흡을 들이마시면 이러한 기쁜 감정이 더욱 배가될 수 있다. 이때는 "우와!"라는 감탄사 등과 더불어 얘기를 하면 자연스럽게 호흡을 들이마시게 된다.

나쁜 긴장일 때는 누군가가 나에게 공격을 할 때 나를 방어하기 위해 순간적으로 긴장을 하고 아드레날린과 함께 '나쁜 긴장' 상태가 되는 것이다. 이때는 맥박이 최고치에 다다르기 때문에 호흡이 매우 불규칙해진다. 그렇기 때문에 날숨을 통해 호흡을 조절하면 감정이 수그러들 수 있다.

이번에는 이완의 감정을 생각해보자.

이완 역시 '좋은 이완'과 '나쁜 이완'으로 구별할 수 있다. 좋은 이완은 아세틸콜린이라는 호르몬과 더불어 편안함, 안락함, 안정 등의 감정 상태를 만들고 나쁜 이완은 코르티솔의 분비와 함께 우울함, 허전함, 외로움, 슬픔 등의 감정 상태를 만든다. 좋은 이완 상태에서는 날숨을 활용하면 더욱 편안함의 감정을 배가시킬 수 있고 나쁜 이완 상태에서는 들숨을 활용하면 기분이 처지는 것을 방지할 수 있게 된다.

이때 인지와 더불어 호흡을 활용하면 효과는 배가 될 수 있다. 즉, 기분이 나쁠 때는 '긍정적으로 생각하자. 다 잘 될 거야.'라는 생각과 더불어 들숨을 활용하는 것이 큰 효과를 얻을 수 있고, 기분이 들 떠 있을 때는 '내가 지금 너무 들 떠 있네.'라는 인지와 더불어 날숨을 활용하는 것이 효율적이라는 것이다.

여기서의 핵심은 감정을 내면의 생각만으로 통제하는 것은 어렵다는 얘기이다. 더군다나 자율신경을 스스로 지배하는 것은 불가능에 가깝다. 그렇기 때문에 우리가 파블로프의 조건반사처럼 외형적인 것을 조절해서 감정을 조절하면 많은 도움을 받을 수 있다. 그리고 그러한 외형적인 방법이 바로 '호흡'이다.

4. 움직임과 감정

움직임은 4가지의 형태로 이루어진다. 형태에 따라 직선과 곡선 그리고 속도에 따라 정적, 동적인 움직임으로 나눌 수 있다.

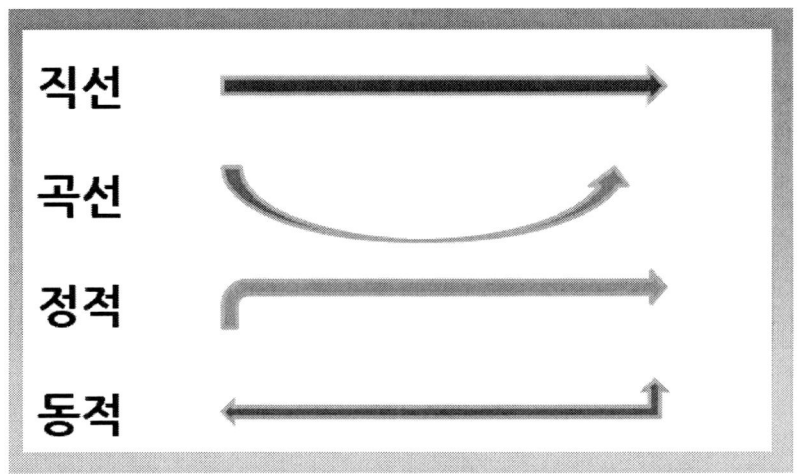

여기서 중요한 점은 이러한 움직임의 형태와 속도가 감정과 결부 되어 있다는 것이다.

예를 들어, 지하철을 타다가 실수로 상대방의 발을 밟았다고 생각해보자.

처음엔 자신도 몰랐다가 상대방의 소리를 듣고 지각을 하게 된다. 거기서 나온 감정은 긴장과 더불어 맥박이 빨라지는 '당황'이다. 그리고 인지를 한다. '어떻게 해야 하지? 일단 내가 잘못했으니까 미안하다고 하자.'라는 판단 후에 즉각적인 사과를 한다. 이때 인지와 더불어 생긴 감정이 '미안함'이다. 미안함은 호흡을 내뱉으면서 나오는 감정이다. 즉, 날숨과 관련이 있다.

이때 호흡만 내뱉으면서 "죄송합니다."라고 하는 것이 아니다. 바로 움직임도 더불어 일어난다. 고개를 앞으로 숙이고 손을 가지런히 모으면서 직선 또는 곡선의 움직임을 띤다. 만약 즉각적인 반응이 더 크다면 들숨과 더불어 직선의 움직임이 강하게 일어나지만 인지와 더불어 미안함을 표시하려는 느낌이 크다면 곡선의 움직임과 함께 정적인 속도로 감정을 표시할 것이다.

이처럼 들숨은 직선과 동적인 움직임과 연관이 있고, 날숨은 또한 곡선과 정적인 움직임과 관련이 있다.

다시 한 번 정리를 해보자. 긴장은 '좋은 긴장', '나쁜 긴장' 이렇게 나눌 수 있고 들숨과 연관이 있다. 그리고 이완은 '좋은 이완', '나쁜 이완'으로 나눌 수 있고 날숨과 관련이 있다. 그런데 우리가 어떤 감정이 생길 때 외적으로 감정이 나오는 가장 핵심적인 형태는 호흡이다. 그 다음으로 중요한 부분이 바로 움직임이다.

감정과 행동

직선	움직임	곡선
흥분, 설렘 답답함, 짜증 (긴장의 감정)		그리움, 민망함, 미안함, 아쉬움 (이완의 감정)

이것을 요약하자면 직선의 움직임은 흥분, 설렘, 답답함, 짜증 등과 같은 강한 감정과 연관이 있고 곡선의 움직임은 그리움, 민망함, 미안함 등의 부드러운 감정과 관련이 있다.

또한, 직선과 곡선의 움직임은 호흡에서의 들숨과 날숨과 함께 표현될 때 시너지 효과를 발휘할 수 있다.

즉, 직선과 들숨은 역동적인 느낌, 곡선과 날숨은 정적인 느낌을 주기 때문에 그러한 부분을 잘 활용해서 적용했을 때, 감정을 느끼고 상대방에게 표현하는데 수월할 수 있다는 얘기이다.

직선의 움직임은 강한 느낌을 주고, 곡선의 움직임은 부드러운 느낌을 준다. 동적인 움직임은 역동성을 정적인 느낌은 온화함을 준다. 따라서 이러한 움직임의 특징을 잘 이해하고 표현하는 것이 중요하다.

감정을 내면으로 조절하는 것이 어렵기 때문에 스키너와 파블로프의 행동주의 학설을 활용해 호흡과 움직임으로 감정을 조절할 수가 있다는 것이다.

대부분의 감정에 대한 이론은 감정의 형태와 종류를 나열하고 있지만, 중요한 것은 감정이 어떻게 호흡과 움직임과 연관이 있고 그것을 사람들이 어떻게 습득을 해서 실생활의 감정처세에 활용하는 것이 중요하다. 즉, 감정은 음악으로 비유하자면 음표를 이해하는 것이 아니라 연주를 하는 것처럼 실생활에 활용하는 것이 중요하다는 것이다.

5. 감정과 행동

감정은 행동과 밀접한 관련이 있다.

　이제까지의 이론들은 감정은 추상적인 개념이고 개인적인 행동을 띠기 때문에 다스리기가 어렵고 조절하기가 수월하지 않다는 점이었다.
　하지만 감정을 보다 과학적으로 분류하자면 긴장과 이완의 형태에서 분류되는 반응일 뿐이다. 그렇기 때문에 감정을 조금 더 과학적으로 생각하고 행동적으로 생각하면 감정은 다스리기가 어렵지 않은 것이다.
　모든 결과에는 원인이 있다. 즉, 감정을 일으키는 자극과 반응을 분석하고 반응 후에 나타나는 행동을 생각하면 반대로 원인을 찾을 수 있다는 의미이다. 감정은 반응 후에 나타나는 조절적인 행동이다. 그리고 그러한 조절적인 행동은 신체의 '항상성'이라는 보호와 방어기능으로 인해 기인하는 작용이다.
　이 신체의 항상성은 심리에서의 자존심과 매우 유사하다.
　자존심 역시 스스로를 방어하기 위한 심리적 성질이라면 항상성은 자신을 방어하기 위한 신체적 기능이다.
　그렇기 때문에 어떠한 감정을 유발하는 원인을 분석하거나 감정을 일으키는 행동을 생각할 때 이 두 가지는 매우 중요한 역할을 한다.
　또한, 감정은 조절적인 행동이므로 자율신경계의 영향을 받으며 자율신경계는 긴장과 이완의 메커니즘으로 이루어져 있다는 것 역시 인간 행동과 감정을 생각하는데 매우 중요한 부분이다.

예를 들어, 어떤 소비자가 물건을 사려 백화점에 들어왔다고 생각해보자. 판매원이 소비자에게 직접적으로 판매를 하는 것과 소비자에게 간접적으로 필요성을 느끼게 하는 것은 매우 중요한 판매실적의 차이를 보인다.

그 이유는 바로 항상성과 자존심 그리고 긴장과 이완의 감정을 제대로 이해하느냐와 매우 중요한 관련이 있기 때문이다.

따라서 이러한 항상성과 자존심 그리고 자율신경계의 긴장과 이완을 바탕으로 앞으로는 설득과 협상, 판매 등에서 감정이 어떻게 작용할 수 있고 어떻게 행동을 만들어내는지를 분석할 것이다.

part 6.
설득의 감정

1. 설득이란?

먼저 설득과 협상과 타협의 차이를 명확히 알아야 한다.

설득이란, 상대방에게 말과 행동으로써 나의 의견을 관철하는 것이다. 이에 반해 협상은 나의 이익을 얻기 위해 때론 상대방에게 양보도 하고 제안도 하는 것을 말한다. 마지막으로 타협은 나도 양보하고 상대방도 양보해서 원활한 조율을 이루는 것이다.

설득할 때는 상대방에게 논리적인 말로써 자신의 의견을 관철할 수도 있지만, 상대방의 감성을 자극함으로써 마음을 침투할 수도 있다. 즉, 최고의 설득이란 상대방의 이성과 가슴을 모두 지배하는 것이다.

1. 논리적인 설득할 때
2. 감성적인 설득할 때
3. 논리적, 감성적 설득할 때

먼저 논리적인 설득이란 상대에게 차분히 무언가를 설명해서 이해를 시킬 때이다. 가령, 사업설명회를 할 때 왜 이 사업이 필요한지 그리고 사업의 수익성은 어떤지에 대해서 다양한 통계와 사실적 자료 그리고 근거에 대해 조리 있게 얘기함으로써 상대방을 설득시키는 것이다.

그렇기 때문에 논리적인 설득을 하려면 내가 얘기를 하려는 것에 대해 정보를 많이 알고 있어야 하고 또한, 차분하고 짜임새 있게 설명을 해야 이해를 시킬 수 있다. 보통은 내가 갑의 위치 즉, 지식이 더 많거나 아니면 더 차분한 상태에서 논리를 가지고 얘기하는 경우가 많지만 때론 팽팽한 위치나 을의 위치에서도 논리적으로 얘기할 수 있다.

감성적인 설득이란 상대의 감성을 침투해서 설득을 시키는 방법이다. 예를 들어, 어떤 물건을 팔 때 상대에게 왜 이 물건을 살 수 없는지를 미소와 제스처 그리고 감정으로 표현하는 것을 얘기한다. 대개는 내가 을의 위치나 팽팽한 위치일 때 감성적 설득을 하는 경우가 많지만 갑의 위치에서도 비언어적 감성적 설득을 할 수 있다.
그렇다면 설득에서 유리한 조건과 불리한 조건은 무엇일까?

1. 설득에 유리한 조건일 때
2. 설득에 불리한 조건일 때

먼저 설득에 유리한 조건일 때는 내가 설득에서 지식과 능력이 많거나 상대방보다 위치가 높거나 상대방이 내 말에 귀를 기울일 때를 얘기한다.
이때는 논리적으로 얘기하거나 동시에 비언어적인 표현을 같이 사용해서 상대방의 이성과 감성을 침투하면 설득의 성공확률이 매우 높아진다.

문제는 설득에 불리한 조건일 때이다.
설득에 불리한 조건일 때는 내가 설득을 할 때 상대방보다 지식이나 능력이 부족하거나 또는 내가 흥분한 상태이거나 절박한 상태일 때 그리고 상대방이 내 얘기에 방어를 하고 있을 때이다.

그럴 때 가장 필요한 것은 상대방의 반응에 맞추어 논리적 감성적 설득을 적절히 활용하는 것이다.

즉, 상대방의 반응에 맞춰 적재적소에 맞는 타이밍을 조절하는 것이다. 때론 이성적으로 때론 감성적으로 상황에 맞게 그리고 상대방의 반응에 맞게 설득을 하는 것이 확률을 높이는 방법이다.

2. 설득을 당하는 것을 싫어하는 이유

왜 사람들은 설득을 당하는 것을 싫어하는 것일까?

상품 설명회에 참여했다고 생각해보자. 발표자가 처음부터 왜 이 상품이 좋은지 직접적으로

얘기한다고 생각해보자. 그럼 '내가 저 상품을 사야지.'라고 생각하는 사람이 있을까? 대부분은 직접적인 판매방식에 대해 거부감이 든다.

그렇다면 직접적인 판매방식은 왜 거부감이 드는 것일까?

그 이유는 스스로를 보호하려는 자존심과 경계심 때문이다. 긴장과 이완의 감정 성질로 이해하면 효과적이다.

우리가 낯선 자리를 가거나 아니면 긴장되는 상황에 처하면 항상성 때문에 스스로를 보호하려는 신체적인 방어를 하게 된다. 심리적으로도 경계심이 발동하기 때문에 방어를 하게 되어 있다.

정확히 얘기하면 설득을 당하는 것을 싫어하기 보다는 스스로에 대한 항상성과 방어벽 때문에 직접적으로 파고드는 것에 대해 거부감을 느끼는 것이다.

그렇기 때문에 설득을 할 때 가장 중요하게 생각해야 하는 부분이 듣는 이의 상태라고 할 수 있다.

'지피지기면 백전백승'이라는 말은 다분히 심리적인 말이며, 설득을 못하는 사람들의 특징은 바로 상대방의 마음 즉, 감정을 헤아리지 못하는 경우가 많다. 따라서 설득을 잘하려면 설득을 하려는 요지와 내용도 중요하지만 그보다 더 중요한 것은 바로 설득을 하려는 사람의 마음을 움직이는 것이다.

1. 스스로를 보호하려는 자존심
2. 마음을 침투하는 것에 대한 경계심
3. 원래대로의 성질을 유지하려는 항상성

3. 왜 감정 설득이 중요한가?

감성적으로 설득을 한다는 의미는 언어 외적인 감정, 표정, 태도, 눈빛, 목소리, 제스처 등으로 상대방의 마음을 침투한다는 의미이다.

먼저 옷차림의 경우도 감정 설득의 한 종류이다.

우리가 소개팅이나 또는 계약 등의 미팅자리에서 첫눈에 들어오는 것은 바로 그 사람의 인상이다. 머리스타일, 옷차림, 스타일 등에서 상대방의 호감을 얻을 수도 있고 그렇지 않을 수도 있다.

인두강 (저음)   구강(중음)   비강(고음)

목소리도 마찬가지이다. 상대방이 울림이 있는 소리로 따뜻하면서 신뢰감 있는 목소리를 낼 때와 그렇지 않을 경우 감정이 움직일 수가 있고 그렇지 않을 수도 있다.

가까운 거리   먼 거리   평행선

거리의 경우는 내가 상대방을 좋아하거나 움직이고 싶으면 다가가고 상대방과 불편하거나 편하지 않으면 거리를 두고 대치상황이거나 팽팽할 때는 평행을 유지한다.

우리가 누군가에게 설득할 때 과연 논리적으로만 얘기를 할까? 그렇지 않다. 실제로는 감성적으로 어필해서 상대방의 마음을 침투하는 경우가 더 많다.

가령, 우리가 면접을 할 때 논리적으로 대답을 하는 것도 면접관에게 어필할 수 있는 좋은 방법이지만 실제로 면접관이 가장 많이 보는 것은 '면접태도'이다.

바로 이 면접태도가 비언어적 설득 즉, 감성적 설득이라 할 수 있다.
또한, 어떤 발표를 할 때도 가령, '투자 설명회'를 한다고 했을 때 발표자는 왜 투자가 필요한지 그리고 어느 정도의 수익을 창출할 수 있을지, 투자대비 효과는 어떠한지에 대해 투자자에게 논리적으로 얘기해야 한다.

하지만 논리적인 설득 외에도 감성적인 설득이 존재한다. 여기서의 감성적인 설득이란 투자자에게 진정성 있는 태도, 눈빛, 목소리 그리고 말에 강약을 조절하면서 제스처로 완급을 조절하면서 말을 하는 것이다.
투자자가 발표자의 확신에 찬 눈빛에서 신뢰를 찾을 것이고 발표자의 진정성 있는 목소리와 태도에서 호감을 느낄 수 있을 것이다.
대화에서도 마찬가지이다.

가령, 한 친구가 다른 친구들의 말은 듣지 않고 자기의 주장만 고집한다고 치자. 그랬을 때 어떤 친구가 참지 못하고 그 고집스러운 친구에게 이렇게 말을 한다. "너는 너무 네 생각만 하는 것 같아. 네가 중요한 것처럼 다른 사람의 의견도 존중할 줄 알아야지. 자기만 존중받길 원하고 남을 무시하는 것은 어폐가 있지 않아?"라고 말이다.

그 친구의 얘기는 일관성 있는 핵심과 예시의 구체적인 논리로써 말을 했기 때문에 충분히 설득력을 가질 수 있다.

그런데 이런 대화를 할 때 어떤 분위기를 조성했는가도 중요할 수 있다.
왜냐하면 그 고집스런 친구의 입장에서는 아무리 논리적인 얘기일지라도 자존심이 상할 수 있는 부분이기 때문에 오히려 반감을 살 수도 있다.

감성적인 설득을 하는 경우엔 친구에게 먼저 따뜻한 미소를 건네면서 부드럽게 "너의 입장을 어느 정도 이해해. 나 역시 그럴 때도 있으니까. 근데 난 우리가 더 돈독해 졌으면 좋겠어. 솔직히 네 말에 상처받은 친구들도 있거든. 네 말이 그런 의도는 아니겠지만 가끔 친구들을 무시하는 것처럼 들릴 때도 있어."라고 말하는 방법이다.

여기서의 감성적인 부분은 바로 '따뜻한 미소', '부드러운 태도와 목소리'등을 들 수 있다.

이성의 마음을 얻을 때도 마찬가지이다.
우리가 흔히 고백이나 프러포즈를 할 때 상대방이 무슨 말을 했는가도 중요하지만, 사실 고백을 할 때의 진정성 있는 눈빛, 떨리는 음성, 발그레한 수줍은 얼굴이 더 감동을 줄 수 있다.
왜냐하면, 논리적으로 상대방을 왜 좋아하는지 얘기할 때는 이성적으로 공감을 심어줄 수는 있지만, 그 사람의 마음을 침투할 수는 없기 때문이다.

그렇기 때문에 감성적인 설득 역시 이성적인 설득만큼이나 중요하다고 볼 수 있다. 즉, 논리적인 설득이 상대방의 이성을 침투하는 것이라면 비언어적인 감성적 설득은 상대방의 마음을 얻는 것이다.

4. 설득의 심리학

먼저 영업점에서의 대화를 알아보자.

(영업점에서의 대화)

판매원 : 어떤 거 찾으세요?
손님 : 화장품이요.
판매원 : 저쪽에 가시면 화장품 코너 있거든요. 거기 보시면 되요.
손님 : 어디 쪽이요?
판매원 : 저쪽이요. 오른쪽으로 가시면 보일 거예요.

위의 대화에서는 판매원이 손님에게 정확하게 말을 하고 있지만 손님의 감정을 기분 좋게 열지는 못하고 있다. 그 이유는 손님에게 좋은 비언어를 활용하지 않아서이다.

1. 미소로써 상대방의 방어벽 침투
2. 공감대의 형성을 통한 방어벽 허묾
3. 침착함을 통한 감정 조절

(영업점에서의 대화)

판매원 : 손님, 어떤 화장품 찾으세요?
손님 : 제가 좀 피부가 건성이라서요.
판매원 : 그럼 여기 세 가지 제품이 좋아요. 저도 피부가 건성이라 피부가 갈라져서 화장품은 꼼꼼히 살피거든요.
손님 : 아 그래요?
판매원 : 네. 건성일 때는 수분 함유량이 많을수록 좋아요. 그리고 그 안에 영양분도 같이 들어있어야 유용하구요.

위의 대화에서는 미소와 손님의 공감대를 활용하면서 손님의 방어벽을 은근하게 허물고 있다. 즉, 상대방에게 설득을 할 수 있는 좋은 환경을 만들고 있다는 의미이다.

설득을 할 때 가장 중요한 부분은 바로 '감정'이다. 상대방의 감정을 움직여야 상대방이 마음을 바꿀 수 있다. 그렇기 위해서 공감대를 형성하는 언어가 필요하고 상대방의 방어벽을 허물 수 있는 미소, 목소리, 화법, 제스처를 활용하는 것이 무엇보다 중요하다.

감정과 움직임에 있어서 쉽게 말해 상대방의 '나쁜 긴장'을 '좋은 이완'으로 바꾸는 것이다. 그렇기 위해서는 상대방의 환경에 따라 들숨과 날숨 그리고 직선과 곡선의 움직임을 적절히 활용해야 한다.

가령, 상대방의 기분이 다운되어 있을 때 위로를 할 때는 날숨과 곡선의 움직임을 활용하는 것이 좋고, 상대방의 기분을 끓어 올릴 때는 들숨과 직선의 움직임을 활용해서 '좋은 긴장'과 '좋은 이완'을 자극시키는 것이 바로 '비언어적인 감정 설득'이다.

그러한 비언어를 잘 활용하기 위해서는 상대방의 감정 상태가 어떠한지를 잘 파악해야 한다. 상대방이 긴장 상태인지 이완 상태인지에 따라 그 타이밍에 맞춰서 들숨과 날숨 그리고 거기에 맞는 움직임의 비언어를 활용하는 것이 중요하기 때문이다.

1. 상대방의 방어벽 침투 (미소, 공감)
2. 비언어적인 감성적 설득 (감정, 목소리, 몸짓)
3. 타이밍의 중요성 (힘의 기울기)

5. 설득과 감정

설득에서 가장 중요한 부분은 바로 '감정'이다.

먼저, 세 가지 유형의 대화를 가지고 상황을 분석해보자.

(이성과의 대화)
승호 : 나 할 얘기 있는데 얘기해도 돼?
소희 : 어, 얘기해 봐.
승호 : 네가 날 좋아하는 거 알겠는데 휴대폰과 메일을 공유 하는 건 좀 그래.
소희 : 왜? 연인끼리 좋아하면 그럴 수도 있는 거지.
승호 : 내 사생활도 있잖아. 왜 네 입장만 생각하는 거야?
소희 : 나만 잘못한 거야?
승호 : 그럼 이게 내가 잘못한 거야? 응?

위의 이성과의 대화에서 승호는 여자 친구에게 불만을 얘기하고 있다. 그리고 메일을 공유하는 것은 이성간에도 사생활이 있기 때문에 싫다고 얘기한다. 얘기 자체는 논리적이다. 그런데 소희는 승호의 말에 감정적으로 발끈한다.

설득의 감정

(이성과의 대화)

승호 : 나 할 얘기 있는데 얘기해도 돼?
소희 : 어, 얘기해 봐.
승호 : 네가 날 좋아하는 거 알겠는데 휴대폰과 메일을 공유 하는 건 좀 그래.
소희 : 그건 이해해. 근데 내 입장에선 네가 연락도 안 되고 답답한 부분이 많아.
승호 : 내가 일부러 그런 건 아니잖아. 일이 많으니까 그런 건데...
소희 : 일이 많은 건 충분히 이해해. 그런데 하루에 한 번은 연락할 수 있는 거잖아. 바쁜 건 알지만 기다리는 심정을 조금만 헤아려 주면 좋을 것 같아.
승호 : 알았어. 조금 더 연락하려고 노력할게.

이번에도 승호는 소희에게 똑같이 논리적으로 얘기한다. 그런데 아까와는 달리 소희도 승호의 이야기를 듣고 바꾸려한다. 어떤 차이가 있는 걸까?

그것은 바로 승호의 감정이다. 처음 대화에서는 승호가 논리적으로 얘기했지만 승호의 경직되고 딱딱한 비언어가 상대의 교감신경을 자극해서 나쁜 긴장을 하게 만들었다.

하지만 나중의 대화에서는 승호가 최대한 소희의 교감신경을 자극하지 않으려고 애를 쓰며 얘기를 하고 있다. 그렇기 때문에 소희 역시 승호에게 공격을 하지 않고 타협을 시도하고 있다.

설득을 할 때 고려해야 하는 부분이 바로 상대방의 방어벽을 무너뜨리는 것이다. 사람은 자신의 일정한 상태를 유지하기 위해 '항상성'이라는 것이 있는데 그 항상성을 유지하는 것이 바로 자율신경계이다. 자율신경에 교감신경과 부교감신경이 있는 것이다. 교감신경은 우리의 몸을 방어하기 위해 긴장을 유발하는 성질이 있고, 부교감신경은 우리의 몸을 원래대로 회귀하기 위해 이완하는 성질이 있다.

> 1. 침착함과 여유를 잃지 않음
> 2. '왜'라는 질문에 대한 논리적인 당위성
> 3. 상대방의 마음을 타이밍에 맞춰 이성과 감성을 동원해 지배함

사람마다 최적의 리듬이라는 것이 있다. 그 리듬은 바로 교감신경과 부교감신경이 마치 오케스트라의 기분 좋은 연주처럼 일정한 상태의 흐름으로 움직이는 것이다.

교감신경에도 긍정과 부정의 감정이 있다. 긍정적인 감정은 설렘이나 흥분을 유발하는 도파민과 결합되었을 때의 감정이고 부정적인 감정은 누군가 자신을 공격하거나 스스로를 적극적으로 방어하기 위해 아드레날린과 결합될 때의 감정이다.

부교감신경에도 두 가지가 있다. 긍정적인 부교감신경은 아세틸콜린이라는 호르몬과 날숨이 결합되었을 때 편안함을 주는 역할을 한다. 부정적인 부교감신경은 코르티솔이라는 호르몬과 날숨이 결합할 때 나오는 우울함과 지루함이다.

설득을 잘하려면 처음이 방어적이고 공격적인 교감신경을 서서히 녹여서 설렘을 주는 도파민의 긍정적인 교감신경과 편안함을 주는 아세틸콜린과 결합된 부교감신경을 자극해 긍정적인 항상성의 리듬을 만들어 주는 것이다.

즉, 설득을 잘하는 사람은 상대방의 긴장을 유발하는 교감신경을 서서히 녹여 긍정적인 교감신경과 부교감신경으로 활성화하는 것을 잘하는 사람이다.

자신의 일정한 상태를 유지하는 것을 신체적으로 항상성이라 하고 심리학적으로는 자존심이라고 한다.

설득의 감정

　설득에서 바로 이러한 부분을 잘 생각하고 접근하는 것이 중요하다. 즉, 방어벽과 자존심을 은근한 공감대와 부드러운 제스처와 화술로써 접근해야 어느새 자신도 모르게 설득을 당하게 되는 것이다.

　가령, 입시생이 부모님에게 미술학과를 허락 맡을 수 있도록 설득하는 상황이라고 가정해보자. 먼저 부모님이 미술학과에 대해 호의적인 반응이라면 설득에 유리할 수가 있다.
부모님 역시 입시생인 내가 그 과를 가는 것에 좋은 반응을 보이든지 또는 그 과에 가는 것에 대해 거부감을 받지 않는다면 설득이 쉬울 것이다.

　그렇다면 부모님이 미술학과에 가는 것에 대해 반감을 품고 있을 때는? 바로 그러한 상황이 설득에 불리한 조건이 될 수가 있다.

　이때는 부모님의 반응에 당황하지 않고 침착함을 유지하면서 '왜' 미술학과에 갈 수밖에 없는지를 논리적으로 얘기해야 한다. 가령, 미술학과의 비전과 그리고 나의 능력, 앞으로 미술학과에 들어가서의 나의 계획에 대해 논리적인 당위성을 얘기하는 것이 부모님의 이성을 지배할 수 있는 방법이다.

　하지만 논리적인 당위성만큼 중요한 것이 설득을 할 때의 분위기이다. 만약 부모님이 바쁜 상황이나 피곤한 상태라면 그때 설득을 하는 것은 바람직하지 않다. 왜냐하면, 실패할 확률이 높기 때문이다. 상대방의 이성을 지배하는 것만큼이나 감성을 침투하는 것은 중요한 일이다. 왜냐하면, 감성을 침투한다는 것은 상대방의 방어벽을 무너뜨려 나의 의견을 관철할 수 있는 기회를 만드는 것이기 때문이다.

　따라서 설득을 할 수 있는 분위기를 만들어야 조금이라도 유리한 입장에서 나의 의견을 말할 수가 있다. 그럼에도 불구하고 상대방의 나의 의견에 방어적이라면? 그럴 때는 논리적인 방법과 더불어 감성적인 즉, 비언어적인 방법을 동원해야 한다. 여기서의 비언어적인 설득이란, 진심어린 눈빛과 목소리 그리고 감정과 제스처를 이용해서 상대방의 마음을 침투하는 것이다.

우리가 흔히 '내 마음 약해지게 왜 이래?'라고 말하는 것은 이미 마음이 흔들리고 있다는 증표이다.

즉, 상대방에게 논리적으로 얘기하는 것과 동시에 대화를 할 수 있는 부드러운 분위기를 유지하면서 비언어적인 진심 가득한 말투와 감정을 가지고 말하는 것이다.

예를 들어, "내가 미술학과를 갈 수밖에 없는 이유는 첫 번째 내가 미술을 너무 좋아해서야. 그리고 내가 충분히 잘할 수 있어서고. 그리고 앞으로 미술에 대한 진로가 밝기 때문에 내가 졸업을 할 때쯤이면 충분히 밥을 먹고 살 수 있을 정도로 미술 산업이 발전해 있을 거야."라고 논리적으로 얘기를 해서 '왜 내가 미술학과를 갈 수 밖에 없는지'를 논리적으로 얘기해서 이성적인 설득을 한다면, 감성적으로는 시선을 마주치면서 부모님에게 진심어린 눈빛을 보내며 진정성 있는 목소리와 감정으로 호소한다면 설득 효과는 배가 될 수 있다는 것이다.

> **Tip**
>
> 1. 기분 좋은 교감 신경을 자극하라.
> 2. 기분 나쁜 교감 신경을 주의하라.
> 3. 편안한 부교감 신경을 유도하라.
> 4. 지루한 부교감 신경을 배제하라.

part 7.
협상과 감정

1. 협상이란?

협상이란 어떤 목적에 부합되는 결정을 하기 위하여 서로 의논하는 것을 말한다. 즉, 어떤 결정을 위해 논의를 통해 결론에 이르는 것이다.

협상을 할 때 상대방과 나의 위치와 상황에 따라 힘의 기울기를 파악하는 것이 중요하다. 이때 알아야 하는 부분이 바로 상대방의 방어벽을 무너뜨리는 것이다. 다시 한 번 말하지만 사람은 일정한 상태로 유지하기 위한 항상성이라는 것이 있는데 그 항상성을 유지하는 것이 바로 자율신경계이다. 자율신경에 교감신경과 부교감신경이 있는 것이다. 교감신경은 우리의 몸을 방어하기 위해 긴장을 유발하는 성질이 있고, 부교감신경은 우리의 몸을 원래대로 회귀하기 위해 이완하는 성질이 있다.

즉, 협상을 잘하는 사람은 상대방의 긴장을 유발하는 교감신경을 서서히 녹여 부교감신경으로 활성화하는 것을 잘하는 사람이다. 이러한 일정한 상태를 유지하려는 성질을 신체적으로 항상성이라 하고 심리학적으로는 자존심이라고 한다.

협상에서 바로 이러한 부분을 잘 생각하고 접근하는 것이 중요하다. 즉, 방어벽과 자존심을 은근한 공감대와 부드러운 제스처와 화술로써 접근해야 어느새 듣는 이도 모르게 설득이 되는 것이다.

협상할 때 먼저 해야 할 것은 현재의 나의 위치를 파악하는 것이다. 상대방의 조건이나 환경 그리고 상황과의 비교에 있어서 나의 위치가 정해진다.

가령, 상대방의 조건이나 상황이 나보다 좋다면 내가 을이 되고 상대방의 조건이나 상황보다 내가 더 낫다면 내가 갑이 되며, 상대방과 조건이나 상황이 비슷하다면 팽팽함을 유지할 수가 있다.

> **Tip**
>
> 1. 내가 상대방보다 유리한가?
> 2. 내가 상대방보다 불리한가?
> 3. 팽팽한 조건인가?

가령, 투자자와 사업계약을 맺는다고 생각해보자. 여기서의 갑은 일반적으로 투자자이다. 하지만 만약 투자자의 영향력이 나보다 적을 때 즉, 투자자보다 사업을 하는 내가 더 영향력이 클 때는 내가 갑의 위치에 설 수가 있다.

그런데 이때 생각해야 할 점은 그런 위치는 매우 상대적이라는 것이다. 즉 생각하기에 따라 내가 갑의 위치가 될 수가 있고 을의 위치가 될 수도 있다. 그만큼 힘의 역학은 상대성의 원리와 심리가 포함되기 때문이다.

가령, 자동차를 사기 위해서 영업소에 간다고 치자.

그럼 영업소 판매원이 2,000만 원을 제시했다. 다른 곳을 이미 비교해서 왔지만 다양한 옵션이 2,000만 원이면 다른 곳에서 사는 것보다 약 200만 원이 이익이다.

일단 제반 상황에 대한 파악은 끝났다.

그렇다면 이제 협상을 해야 한다. 나는 이 물건을 1,800만 원에 사고 싶다. 그것이 나의 목표이다. 그렇다고 내가 바로 을의 위치가 되는 것은 아니다. 상황을 먼저 지켜봐야 한다.

판매원에게 말한다. "물건이 맘에 들긴 하는데 조금 깎아 줬으면 좋겠어요." 판매원이 대답한다. "이 정도 옵션에 이렇게 나온 물건이 없어요. 깎는 건 어려울 것 같아요."
이때 나의 옵션은 네 가지이다.

1. 200만 원의 이익이라도 얻어 2,000만 원에 산다.
2. 한 번 더 협상을 한다.
3. 다른 영업소를 간다.
4. 일단 생각해 보겠다고 한다.

만약 내가 더 유리한 조건을 차지하려는 2번의 협상을 하려고 하면 나는 이때부터 을의 위치가 된다. 또한, 4번의 협상은 팽팽한 평형상태가 된다.
먼저 1번은 결정이 난 것이기 때문에 여기서는 의미가 없다.
2번을 선택한다고 했을 때 주의할 점은 내가 을의 위치라는 것을 티내면 안 된다는 것이다. 관계나 상황에서의 힘의 역학은 상대적 심리적이기 때문에 상대방에게 나의 패가 들키면 이미 게임은 진 것이나 다름없다. 물론 의도적으로 들킨 척 보여주는 방법도 있지만 그것은 예외적인 것이기 때문에 나중에 거론하겠다.
2번의 선택을 하고 평정심을 유지한다. 평정심을 유지하기 위해 침묵이나 미소도 필요하다. 상대방에게 나의 심리를 들키지 않기 시간을 벌거나 포장하기 위해서이다.
그리고 다시 조건을 제시한다. 이때 제시할 수 있는 조건은 다음과 같다.

1. 200만 원을 더 깎는다.
2. 200만 원에 해당하는 옵션이나 다른 조건을 얻는다.

몇 초간의 침묵이 흐르는 동안 계산을 마쳤고 상대방의 반응도 확인했다. 상대방 역시 침착하고 냉정하다.
먼저 1번의 조건을 미소를 띠며 얘기한다. 하지만 돌아오는 대답은 똑같다. 그때 2번을 얘기한다. 그럼 조금의 혜택을 얻을 확률이 높다. 상황이나 관계에서 힘의 역학은 매우 상대적이며 가변적이다. 즉 좀 전에 을의 위치가 갑의 위치나 팽팽함으로 바뀔 수가 있다.

바로 2번의 조건을 얘기하는 것보다 1번의 조건을 얘기한 후 되지 않았을 때 2번의 조건을 얘기하면 상대적으로 조건을 수용할 확률이 높다는 것이다.

이러한 전략은 상대방이 침착하게 나올 때 상대방을 조금 감정적으로 동요하게끔 하는 방법이다. 1번을 얘기했는데 또 거절할 때 2번을 얘기하는 것은 상대방에게 약간의 미안함을 유발할 수 있다.

따라서 이것이 안 되면 이러한 대안을 생각해 놓는 것은 협상에 있어서 매우 지능적인 방법이다.

만약 1, 2번을 모두 거절당했다고 생각해보자. 그래도 나에겐 두 가지 변수가 있다. 맨 처음 1번의 조건 즉, '200만 원의 이익이라도 얻어 2000만 원에 산다.' 그리고 4번의 조건 '일단 생각해 보겠다고 한다.'의 두 가지 경우이다.

마지막 협상조건으로 4번을 얘기한다. 한 번 더 생각해 보고 온다고 한다. 이것은 최후의 방법이다. 그럼에도 불구하고 나는 손해 보지는 않은 것이다.

이처럼 협상을 할 때는 몇 가지 경우의 수를 생각하면서 진행하는 것이 좋다. 또한 나의 심리를 들키지 않고 상대방의 반응을 티 나지 않게 살펴보는 것이 중요하다. 그래야 협상을 내 쪽으로 지배할 수가 있는 것이다.

Tip

1. 평점심을 잃지 않음
2. 상대방의 반응을 수시로 파악
3. 협상의 마지노선을 생각하고 그 안에서 타이밍으로 맞는 경우의 수

2. 협상에 유리할 때

> **Tip**
> 1. 상대방보다 지식, 능력이 앞설 때
> 2. 상대방이 서두르거나 절박할 때
> 3. 상대방이 낮은 조건을 제시할 때
> 4. 상대방이 조건에 호의적일 때

협상에 유리한 고지를 선점하기 위해서는 상대방보다 그 협상에 대한 지식이나 능력이 앞서야 하고 여유가 있어야 한다. 또한, 상대방이 그 협상 조건에 대해 서두르거나 호의적일 때 그리고 낮은 조건을 제시할 때 상대적으로 협상에 얻어가는 것이 많기 때문에 유리할 수가 있다. 그렇다면 협상에서 유리한 고지를 선점했을

(부동산 계약에서의 대화 - 나쁜 예)

중개인 : 어때요? 보여드린 물건 맘에 드세요?
손님 : 네, 건물도 깨끗하고 위치도 나쁘지 않네요.
중개인 : 그럼 매매를 생각해 보시겠어요?
손님 : 근데 이게 한두 푼이 아니라서 좀 더 생각해 볼게요.
중개인 : 네, 그럼 연락 주세요.
손님 : 네 알겠습니다.

때 어떻게 협상 대화를 이끌어야 하는가? 먼저 상황을 통해 알아보자.

손님이 중개인이 보여준 집에 대해 호의적이고 반응이 좋다. 그럼에도 중개인은 협상을 하지 못했다. 이유가 무엇일까? 첫 번째는 중개인은 손님의 마음을 얻지 못했다. 손님이 원하는 것을 제대로 파악하지 못한 것이다.

또한 비언어적인 설득을 하지 못했다. 위의 예시에서 중개인은 너무 무미건조한 태도로 나왔기 때문에 손님의 마음을 사지 못한 것이다.

마지막으로 설득 타이밍을 놓쳤다. 손님이 호의적인 반응을 보였을 때가 협상타이밍이었는데 그 골든타임을 놓친 것이다. 한 번 골든타임을 놓치면 회복이 어렵기 때문에 협상에서의 타이밍은 매우 중요한 역할을 할 수 있다.

(부동산 계약에서의 대화 - 좋은 예)

중개인 : 어때요? 보여드린 사무실 맘에 드세요?
손님 : 네, 건물도 깨끗하고 위치도 나쁘지 않네요.
중개인 : 그렇죠. 그 지금 이 지역이 3종 주거지역으로 바뀐다는 확정 공고가 떠서 투자가치나 임대수익 모두 잡으실 수 있는 물건이에요.
손님 : 그래요?
중개인 : 네, 손님이 노후 수익을 1순위로 보고 있는데 일단 월세를 받으시려고 한다면 월세가 200만원에다가 향후 사무실을 양도할 때 얻을 차익을 생각해도 이 물건은 손님한테 안성맞춤이죠.
손님 : 네 그럼 그거로 할게요.

위의 대화에서는 중개인이 손님이 원하는 것을 제대로 짚어 주었고, 손님이 환심을 가졌을 때 정확한 타이밍에 논리적인 설득과 마음을 굳히게 만드는 감성적인 설득을 동시에 해서 마음을 얻었다.

　이처럼 유리한 협상조건에서는 자신의 이익을 얻으려는 속내를 들키지 않으면서 상대방이 원하는 것을 집어주고 공감해 주면서 타이밍을 포착해 논리적 감성적 설득을 동시에 해야 마음을 얻을 수가 있다.

> **Tip**
> 1. 자신의 속내를 들키지 않음
> 2. 상대방이 원하는 것을 제대로 파악
> 3. 상대방의 반응을 수시로 파악하면서 협상타이밍 포착
> 4. 논리적으로 이성을 침투, 비언어적인 공감으로 상대방 마음 지배

3. 협상에 불리할 때

> 1. 상대방의 지식, 능력이 앞설 때
> 2. 상대방보다 절박할 때
> 3. 상대방이 높은 조건을 제시할 때
> 4. 상대방이 부정적 반응을 보일 때

　상대방의 지식과 능력이 나보다 앞서거나 또는 내가 상대방보다 제시된 협상에 대해 절박할 때 그리고 상대방이 협상에 대해 부정적이거나 여유가 있을 때는 내가 협상에 불리한 조건을 갖게 된다.

협상과 감정

사실 협상에 있어 불리한 조건을 벗어나려면 상대방보다 지식이나 능력이 뒤져선 안 된다. 가령, 어떤 물건을 사려고 하는데 그 물건에 대해 전혀 모르면 판매원이 말하는 대로 이끌려 갈 수 밖에 없다. 반대로 물건에 대해 어느 정도 지식이 있으면 거기에 대해 날카로운 질문과 판단을 할 수 있기 때문에 협상에서 불이익을 당하지 않게 된다.

지식 외에도 협상에 있어서 불리한 조건일 때는 논리적으로 설득을 하는 것보다 감성적인 방법을 동원하는 것이 좋다.

다음의 예를 살펴보자.

(관리계약을 할 때 - 나쁜 예)

임대인 : 일단 5년 계약으로 하고, 수익률을 정하는 걸로 하죠.
관리인 : 네 저희가 사장님이 신뢰할 수 있도록 최선을 다하겠습니다.
임대인 : 지금 대출이 끼어 있어서, 일단 계약금 5프로만 줘도 되나요?
관리인 : 근데 죄송하지만, 10프로는 줘야 저희도 추진할 수 있을 거 같아요.
임대인 : 그럼 그렇게 안 되는 거예요?
관리인 : 네, 5프로의 계약금으로는 힘들 것 같아요.

위의 대화에서는 임대인이 시공사에 비해 불리한 조건이다. 이유는 임대인이 시공사보다 조건이 좋지 않기 때문이다. 그런데 위의 대화에서 임대인은 조건이 맞지 않음에도 불구하고 더 이상의 협상제시를 하지 못하고 있다. 마지노선이 어느 정도인지 실제 다른 곳과 비교했을 때 어느 정도를 제시해야 하는 지는 협상에 들어가기 전에 사전에 숙지를 하고 있어야 불이익이나 결렬이 되는 것을 막을 수 있다.

(관리계약을 할 때 - 좋은 예)

임대인 : 일단 5년 계약으로 하고 수익률은 정하는 걸로 하죠.
관리인 : 네 저희가 사장님이 신뢰할 수 있도록 최선을 다하겠습니다.
임대인 : 지금 대출이 껴 있어서 죄송하지만, 계약금 5프로만 줘도 되나요?
관리인 : 근데 죄송하지만, 계약금 10프로는 주셔야 할 것 같은데요.
임대인 : 방법이 없을까요? 저희가 대신 여기 말고 11월부터 다른 건물도 여기에 맡길게요.
관리인 : 그럼 이번엔 그렇게 하고 잔금 때 나머지 금액을 주시면 될 것 같습니다.

위의 대화에서는 사정이 넉넉지 않음을 비언어적 즉, 감성적인 방법을 통해 얘기했다. 또한 방법이 통하지 않았을 때 대안을 제시함으로써 시공사나 임대인 모두 원윈할 수 있는 방법을 택했다. 협상에 불리할 때는 나의 위치가 갑이 아닌 을이 되기 때문에 논리적으로 얘기하는 것보다는 조금 자세를 낮춰서 얘기하는 것이 좋다. 단, 비굴하게 얘기하는 것은 오히려 역효과를 줄 수 있다.

생각해보라. 협상이라는 것은 서로 조건이 맞아야 하는데 상대방에게 얻을 것이 없는 조건이라면 꺼려질 수밖에 없기 때문에 동정심으로 얘기하는 것은 좋은 방법이 아니다.

저자세로 얘기하되 대신 보상이나 미래가치를 심어주어야 한다. 그래야 상대방도 지금 당장 부족하더라도 매래에 무언가를 얻을 수 있다는 기대로 인해 만족할 수 있게 된다.

Tip

1. 평정심을 잃지 않음
2. 상대방의 의중을 수시로 파악
3. 비언어적 감성설득을 함
4. 상대방에게 기대치를 갖게 함

4. 팽팽한 협상일 때

1. 상대방보다 지식, 능력이 비슷할 때
2. 상대방과 서열이 비슷할 때
3. 상대방과 비슷한 조건을 제시할 때
4. 상대방의 속을 모를 때

상대방과 내가 조건이나 비슷한 능력일 때가 문제가 된다.

이때는 서로 한 치의 물러섬이 없는 상황이기 때문에 치열한 협상이 예상될 수가 있다. 타협이라는 것이 하나씩 양보하는 것이라면 협상은 기본적으로 '나도 얻고 너도 얻자.'의 개념이다.

그렇기 때문에 팽팽한 협상 조건일 때는 일단 조건제시를 살짝 높게 하는 것이 좋다. 가령, 거래할 때 협상 마지노선이 100만 원이라고 했을 때, 처음부터 100만 원을 제시하는 것과 120만 원에서 100만 원으로 조금씩 가격을 낮추는 것은 결과적으로 후자가 이득이기 때문이다. 왜냐하면 처음부터 100만 원을 제시했을 때는 더 낮출 것이 없기 때문에 협상에 불리해지지만, 120만 원을 제시할 때는 마지노선까지는 20만 원의 여유가 있기 때문에 조금 더 유리한 조건에서 협상을 타결할 가능성이 크다.

이때 주의할 점은 지나치게 높은 조건을 제시하면 오히려 역효과를 가질 수도 있다는 것이다. 왜냐하면 처음부터 지나치게 높은 조건을 제시하면 상대방이 협상 자체에 거부감을 느낄 수도 있기 때문에 합리적인 조건제시가 중요하다.

조건과 더불어 협상 조건에 대한 지식과 배경을 충분히 준비했다면 실제 협상에서는 상대방에 대한 반응을 수시로 체크해야 한다. 상대방이 지금 내세우는 조건과 내 마지노선 그리고 내 조건과 상대방의 반응 등에 대한 경우의 수를 생각해야 한다.

어떤 사람들의 얘기를 들어보면 조건을 먼저 제시하는 것이 유리하다고 하는데 실제로 반드시 그러한 것은 아니다.

가령, 복싱경기를 봤을 때, 먼저 선제공격을 하는 것이 유리할 수는 있으나 카운터에 대비하지 않는 무분별한 선제공격은 위험할 수도 있기 때문에 선제공격을 할 때는 상대방의 움직임을 모두 파악하면서 하는 것이 중요하다.

마찬가지로 협상에 있어서도 먼저 조건을 제시하는 것이 더 유리할 확률이 높지만, 그럴 때는 반드시 협상에 대한 치밀한 분석을 마치는 것이 선제조건이다.

> (동업 계약에서의 대화 - 나쁜 예)
>
> A : 그럼 계약을 시작할까요?
> B : 네, 일단 제가 회원들을 많이 확보하고 있었으니, 그것에 대한 부분은 생각해 주세요.
> A : 근데, 제 입장에서는 대표님과 새롭게 시작을 하는 부분이 있어서요.
> B : 그럼 어떻게 하셨으면 좋겠어요?
> A : 제 생각에는 모든 것을 새로 시작했으면 좋겠습니다.
> B : 하지만 회원들도 이미 500여명이나 있고, 제가 운영을 시작한 부분도 있잖아요.
> A : 그럼 저는 같이 하기가 좀 힘들 것 같습니다.

위의 대화에서는 자기 것만 얻으려고 하고 상대방에게는 내주지 않으려고 하는 협상태도가 문제가 된다.

협상할 때는 내가 하나를 얻을 때는 내가 하나를 양보하거나 상대방이 하나를 얻게 하는 것이 중요하다. 그렇지 않고 내 것만 얻겠다고 하는 태도는 협상에 찬물을 끼얹을 확률을 높게 한다. 따라서 협상할 때는 나와 상대방 모두 윈윈의 생각으로 접근해야 좋은 협상이 될 수가 있다. 또한 누구나 얻을 수 있는 보편적 조건을 상대방에게 제시하는 것보다는 보장적 조건 즉, 상대방이 필요한 조건을 얻게 해 주는 것이 나도 만족시킬 수 있고 상대방도 만족시킬 수 있는 보다 현명한 협상이라 할 수 있다.

(동업 계약에서의 대화 - 좋은 예)

A : 그럼 계약을 시작할까요?
B : 네, 일단 제가 회원들을 많이 확보하고 있었으니, 그것에 대한 부분은 생각해 주세요.
A : 네, 회원 수를 생각해서 제가 그건 인정해 드릴게요. 대신 시설이나 집기 등에 대한 감가상각은 생각해 주세요.
B : 네, 그럼 수익을 서로 5:5로 하되, 프리미엄으로 2억은 생각해 주세요.
A : 1억 5천까지 해 드리면 어떨까요? 대신 마케팅부분은 저희가 할게요.
B : 네, 그럼 그렇게 맞춰보죠.

팽팽한 조건에서는 평정심을 유지하면서 목표에 대한 조건이나 기대치를 조금 높게 잡으면서 상대방의 반응을 수시로 파악하며 이익과 양보를 통한 협상 타이밍을 잡아야 한다.

위의 대화에서는 하나를 얻고 하나를 양보하고, 상대방에게 하나를 주고 하나를 양보시키는 현명한 방법을 제시하고 있다. 또한 상대방이 현재 온라인 환경 구축이 되지 않고 있기 때문에 상대방에게 필요한 부분을 커버해주는 보장적 협상을 하고 있다.

이러한 윈윈 전략이야말로 나도 이기고 상대방도 이길 수 있는 최고의 협상임을 유념해야 할 것이다.

> **Tip**
>
> 1. 평점심을 잃지 않음
> 2. 상대방의 반응을 수시로 파악하면서 타이밍
> 3. 때론 논리적으로, 때론 감성적으로 설득
> 4. 목표의 기대치를 조금 높게 잡고 이익과 양보조절

5. 협상과 감정

협상에서의 감정에 대해 알아보자.

협상할 때 마지막 단계는 바로 계약이다. 즉, 협상에 대한 배경지식과 조건에 대한 분석 그리고 어느 정도의 협상을 마쳤다면 마지막 거래 종료인 계약을 해야 한다.

이때는 침착하게 몇 가지를 체크해 보아야 한다.

첫째, 그 조건이 마지노선보다 조금이라도 유리한 조건인가?

협상하는 이유는 타협과 달리 내가 유리하게 조건을 얻는 것이다. 가령, 물건을 팔려고 할 때, 마지노선이 100만 원인데 90만

원에 거래를 한다면 이것은 분명히 손해 보는 거래이다. 즉, 충분한 보상이 없이 손해를 보는 거래나 협상을 한다면 다시 한 번 이 협상에 대해 생각을 해 보아야 할 것이다.

협상의 첫 번째 조건은 마지노선보다 유리한 조건을 차지하는 것이다.

두 번째는 과연 그 조건이 나와 상대방이 꼭 필요한 조건인가를 생각해 봐야 한다. 최적의 협상은 나도 이기기 상대방도 이기는 즉, 나도 만족하고 상대방도 만족하게 할 수 있는 조건이어야 하는 것이다.

가령, 물물교환 협상을 한다고 하자.

내가 필요한 것은 옷장이고, 상대방이 필요한 것은 침대이다. 만약 내 옷장과 상대방의 침대가 비슷한 가격을 형성한다면 그대로 교환하는 것이 상대방과 내가 모두 원하는 것을 얻게 하는 것이다.

하지만 서로의 가격이 맞지 않는다고 해서 내 침대와 상대방의 냉장고를 교환하는 것은 우둔한 협상이다. 즉, 가격이 맞는다고 해서 비슷한 조건의 거래를 했지만, 내가 필요한 것은 냉장고가 아니라 옷장이었기 때문에 나에겐 아무런 의미가 없게 되는 것이다.

그런 협상보다는 내가 필요한 것이 옷장이지만, 상대방의 옷장보다 내 침대 가격이 낮을 때는 상대방이 또 필요할 수 있는 것을 챙겨주어서 서로가 더욱 원하는 것을 해 주는 협상을 하는 것이 서로를 만족하게 할 수 있는 협상이라는 것을 명심해야 한다.

내가 손해 보는 것이 아니라, 유리하면서 내가 필요한 것을 얻고 상대방 역시 필요한 것을 얻을 수 있는 즉, 나와 상대방이 모두 만족할 수 있는 조건일 때 그때 계약을 하면 최고의 계약이 된다.

하지만 모든 협상이 서로를 만족시킬 수 있는 감동적인 협상이 될 수는 없기 때문에 만약 모든 조건을 다 채우지 못했다면, 적어도 내가 손해 보지 않고 유리한 조건에서 협상을 해야 한다. 협상은 타협과 달리 내가 유리하게 얻는 것에 초점을 맞춰야 하기 때문이다.

현명한 협상이란 바로 손해를 보지 않고 상대방이 눈치를 채지 못하게

유리하게 이끄는 협상이다. 하지만 상대방에게 무언가를 취하려면 반드시 은근하게 접근해야 한다. 항상성과 방어벽을 생각하지 않는 협상은 상대방의 교감신경을 자극해서 악영향을 끼치게 한다.

삼국지에서 '삼고초려'라는 말이 나온다. 이는 유비의 영리한 협상을 잘 대변하는 말인데, 유비는 제갈량을 만나기 위해 3번의 노력을 기울인다. 그러한 점은 상대방에게 자신이 가치가 있음을 느끼게 해준다. 중요한 거래에서는 방어벽과 두려움 때문에 한 번에 계약하는 것이 어렵다. 유비의 협상은 바로 상대방의 두려워하는 방어벽을 은근하게 상대방을 존중하며 기분 좋은 감정으로 바꾸는 현명한 방법이었다.

긍정적인 긴장과 이완을 활성화하기 위해서는 처음에 상대방의 자존심을 지켜주고 방어벽을 서서히 허물 수 있도록 공감대를 형성해줘야 한다. 그리고 협상가가 완벽하거나 강압적일 때는 오히려 상대방의 아드레날린을 촉진해 방어벽을 굳건하게 만들 수 있다.

따라서 어느 정도의 인간적인 빈틈을 보이는 것이 중요하다. 그래야 상대방도 나에게 마음을 열고 안심을 할 수 있다. 여기에서 빈틈은 치명적인 허점이 아니다. 치명적인 허점은 방어벽을 쌓을 수 있기 때문에, 신뢰를 주되 유머와 인간미로서 상대방과 공감대를 형성해서 부정적인 교감신경을 억제하면서 최적의 긍정적인 교감신경 즉, 설렘과 흥분 그리고 긍정적인 부교감신경인 편안함을 심어주는 것이 영리한 협상이다.

Tip

1. 마지노선보다 조금이라도 유리한 조건인가?
2. 내가 손해 본 것은 아닌가?
3. 제시한 조건은 보장적 조건이었는가?
4. 나와 상대방 모두를 만족시키는 조건인가?

part 8.
판매와 감정

1. Sales 심리학

Tip

1. 기분 좋은 교감 신경을 자극하라.
2. 기분 나쁜 교감 신경을 주의하라.
3. 편안한 부교감 신경을 유도하라.
4. 지루한 부교감 신경을 배제하라.

Sales를 할 때 가장 위험한 행동은 직접적인 판매 방식이다.

예를 들어, 길을 가다가 갑자기 팔을 잡으면서 "좋은 화장품이 있으니 이거 사세요."라고 지나치게 직접적으로 판매하는 경우를 생각해 보자.

사실 이러한 판매 방식이 너무나 만연되어 있다. 비단 화장품뿐만 아니라 다양한 물품을 판매하는 데 이러한 방식이 통용되어 있다. 그런데 문제는 판매 효과는 실제로 크지 않다는 것이다. 오히려 지나가는 시민들은 대부분 무시하거나 오히려 반감을 조성하는 경우가 많다.

차라리 그러한 직접적인 방식보다. 미소를 띠며 "여기 좋은 화장품들이 많으니 한 번 구경하고 가세요."라고 말하는 편이 훨씬 나을 것이다.

즉, 판매를 잘하는 사람은 상대방의 긴장을 유발하는 교감신경을 서서히 기분 좋은 긴장과 이완으로 바꿀 수 있는 능력을 갖추고 있다. 즉, 은근한 설득을 잘하는 사람이 판매를 잘한다. 사람은 자신을 보호하기 위한 항상성과 자존심이 있는데 직접적인 판매 방식은 이러한 성질을 모두 파괴하는 매우 위험한 방식이다.

만약에 직접적인 판매 방식에 의해 물건을 샀다고 생각해보자. 겨우겨우 판매했지만 그 물건을 산 사람을 계속 의심이 남을 것이다. '이게 진짜 좋은 물건일까?', '내가 너무 서두른 건 아닌가?'라는 여러 가지 의심 때문에 환급을 할 확률도 높아지고 실제 환급으로 이어지는 경우가 많다.

판매에서 바로 이러한 부분을 잘 생각하고 접근하는 것이 중요하다. 즉, 방어벽과 자존심을 은근한 공감대와 부드러운 몸짓과 화술로써 접근해야 어느새 상대방이 자신도 모르게 주머니를 열게 된다.

그렇다고 상대방에게 소극적으로 접근하는 것도 좋은 판매 방식이 아니다.

소극적 판매 방식은 가령, 어떤 가전제품을 사려고 고객이 매장에 들렀는데, 고객에게 정보만 얘기하는 경우이다. 정보만을 형식적으로 제공하면 고객의 마음을 움직일 수 없다. 정보와 더불어 고객의 필요를 움직여야 한다. 즉, 정보만을 제공하는 것이 아니라 매장을 방문한 고객이 왜 그 물건이 필요한 것인지를 은근한 접근을 통해 인지하여 고객이 그것을 필요하게끔 하여주는 것이다.

한국에서 11년 동안 벤츠 판매왕 신동일 씨, LG 화재 보험 판매왕 조주환 씨, 뉴욕 부동산 판매왕 프레더릭 씨 등 다양한 분야에서 엄청난 판매실적을 보여준 분들이 공통으로 얘기하는 판매비결은 바로 고객의 '신뢰와 감동'이다. 즉, 기다림을 바탕으로 고객이 충분히 좋은 감정을 느낄 수 있도록 노력을 게을리 하지 않았다는 것이다.

판매를 잘하기 위해서는 상대방의 마음을 읽고 감정을 움직여야 한다.
그렇기 위해서는 먼저 상대방의 조건이나 환경을 파악해야 한다. 즉, 상대방의 감정을 잘 읽는 것이 중요하다. 상대방이 지금 현재 긴장 상태인지 이완 상태인지에 따라 '좋은 긴장', '좋은 이완'의 기분 좋은 리듬으로 만들 수 있는 부분이 세일즈의 기술인 것이다.

2. 경계심과 감정

1. 상대방에게 부담을 주지 말 것.
2. 미소로써 대할 것.
3. 공감대를 형성할 것.
4. 상대방이 편안함을 느끼게 할 것.

판매를 할 때 고려해야 하는 부분은 상대방의 긴장 상태이다. 또한, 상대방이 그 판매 조건에 대해 호의적인지 아니면 반감이 있는지 즉, 좋은 이완 상태인지 아니면 나쁜 긴장 상태인지를 파악하는 것이 중요하다.

그렇다면 어떻게 판매의 대화를 이끌어야 하는가? 먼저 상황을 통해 알아보자.

> (영업점에서의의 대화 - 나쁜 예)
>
> 판매원 : 손님. 어떤 거 찾으세요?
> 손님 　: 네. 그냥 뭐 부모님한테 선물할 거 생각하고 있어요.
> 판매원 : 그럼 홍삼으로 하세요.
> 손님 　: 아 그래요?
> 판매원 : 네. 홍삼이 아마 좋을 거예요.

손님이 판매원이 홍삼에 대한 반응이 호의적이다. 그럼에도 판매원은 협상하지 못했다. 왜 그럴까? 첫 번째는 판매원은 손님의 감정을 얻지 못했다. 손님이 원하는 것을 제대로 파악하지 못한 것이다.

또한, 감성적인 설득을 하지 못했다. 위의 예시에서 판매원은 너무 무미건조한 태도로 일관했기 때문에 손님의 마음을 얻지 못한 것이라 할 수 있다. 마지막으로 판매의 타이밍을 놓쳤다. 손님이 호의적인 반응을 보였을 때가 판매의 타이밍이었는데 그 중요한 타이밍을 놓친 것이다. 한 번 시기를 놓치면 또다시 기회를 노리기가 쉽지 않기 때문에 판매에서의 타이밍은 매우 중요한 역할을 할 수 있다.

(영업점에서의 대화 - 나쁜 예)

판매원 : 손님. 어떤 거 찾으세요?
손님 : 네. 그냥 뭐 부모님한테 선물할 거 생각하고 있어요.
판매원 : 이 선물세트 사세요. 이게 요새 가장 많이 나가요.
손님 : 아 그래요?
판매원 : 그리고 지금 세일 중이거든요.

위의 대화에서도 마찬가지로 손님의 필요성과 요구를 정확히 인지하지 못하고 판매를 하기 위한 직접적인 대시만을 하고 있다. 손님의 입장에서는 자신이 필요한 것보다는 판매원의 판매를 위한 느낌이기 때문에 경계심이 더욱 가득해 질 수 있다.

(영업점에서의 대화 - 좋은 예)

판매원 : 어서 오세요. 손님
 손님 : 부모님한테 드릴 선물 좀 보려고요.
판매원 : 훈훈한 생각이네요. 부모님 연세가 많으신 편인가요?
 손님 : 네 이제 환갑이세요.
판매원 : 저희 부모님도 연세가 많으신데 관절이나 장수에 관련된 식품을 드리면 좋아하실 거예요. 그리고 이제부터 관절에 관련된 건강이 매우 중요할 거구요.

위의 대화에서 판매원은 고객에게 직접적인 판매 조건을 제시하는 것이 아니라 고객이 '내가 이것이 꼭 필요한 거구나.'라는 것을 간접적으로 깨닫게 해준다. 즉, 직접적인 판매방식에서는 고객이 수동적이지만, 간접적으로 느끼게 해주는 판매방식은 고객이 능동적으로 생각할 수 있다는 부분이 차이점이다.

이는 자신의 이익을 얻으려는 속내를 들키지 않으면서 상대방이 원하는 것을 집어주고 공감해 주면서 타이밍을 포착해 논리적 감성적 설득을 하는 것으로써 고객의 마음을 얻는 것은 고객이 수동적으로 생각하는 것이 아니라 능동적으로 생각하고 깨우치게 하는 것이라는 의미이다. 그래야 고객이 스스로 마음을 움직여서 능동적인 상태가 될 수 있다.

3. 판매를 이끄는 심리

> **Tip**
> 1. 고객이 원하는 것을 제대로 파악
> 2. 고객의 경계심을 풀고 공감대를 형성
> 3. 고객에게 판매를 강요하지 않고, 판매가 구체적으로 필요하도록 만듦.
> 4. 고객이 좋은 조건에 구매했다는 만족감을 심어줌.

판매에서 처음에 어떻게 고객을 상대하는가가 판매 결정의 매우 중요한 부분이 될 수 있다.

사실 판매에 있어 논리적인 설득을 하려면 지식이나 능력이 뒤져선 안 된다. 가령, 어떤 물건을 사려고 하는데 그 물건에 대해 전혀 모르면 고객이 말하는 대로 이끌려 갈 수밖에 없다. 반대로 물건에 대해 충분한 지식이 있으면 거기에 대해 날카로운 조언과 지식을 전달할 수 있기 때문에 고객의 마음을 얻는 데 유리하다.

그렇지만 논리적인 설득보다 더 중요한 부분이 판매의 비밀에 숨겨져 있다. 그것은 바로 고객의 감정을 움직이는 것이다.

고객의 감정을 움직이려면 심리적인 방법과 더불어 감성적인 방법을 활용해야 한다.

다음의 예를 살펴보자.

> (연금 계약을 할 때 - 나쁜 예)
>
> 설계사 : 지금 들어있는 연금이 없으면 연금은 반드시 들어야 해요.
> 손님 : 근데 지금 형편이 좋지 않아서 좀 더 생각하려고요.
> 설계사 : 언제까지 생각만 하시려고요?
> 손님 : 일단 지금 직장이 안정이 되지 않아서 조금 시간이 걸릴 것 같아요.
> 설계사 : 그러다 노후에는 어떻게 하시려고요? 개인연금 하나 정도는 있어야죠.
> 손님 : 제가 다시 연락드릴 게요.

위의 대화에서는 설계사가 손님에게 직접적으로 보험을 들라고 설득을 하고 있다. 손님이 자신은 생각할 시간이 필요하다고 하자, 오히려 닦달하며 손님에게 강요하고 있다. 처음 어떤 설득자리나 판매 자리에서는 긴장할 수밖에 없다. 그런데 그러한 제반 환경을 무시한 판매는 오히려 고객의 교감신경을 더 자극해 '나쁜 긴장'을 더욱 유발할 수 있다.

> (연금 계약을 할 때 - 좋은 예)
>
> 설계사 : 지금 손님이 필요한 건 노후에 필요한 자금이네요. 그렇죠?
> 손님 : 네. 지금 들어있는 게 국민연금밖에 없어서요.
> 설계사 : 국민연금도 중요하지만 아마 그걸로는 충분치 않을 거예요.
> 손님 : 근데 제가 지금 금액을 높이고 싶어도 형편이 좋지가 않아서요.
> 설계사 : 지금부터 회원님이 준비하지 않으시면 나중에 월 50만원의 연금밖에 수령을 못해요. 제 생각엔 손님 형편에 맞게 평생 연금보다는 10년씩 보완을 할 수 있는 연금으로 가입하는 것이 효율적이에요.
> 손님 : 네. 그러네요.

위의 대화에서 설계사는 손님이 왜 연금이 필요한지를 생각하게 해준다. 중요한 부분은 손님이 지금 형편이 좋지 않아서 연금에 가입하고 싶어도 어렵다는 점이다. 즉, 고객의 처지에서 생각할 때 요지는 두 가지이다. 하나는 노후에 안정적인 연금을 받고 싶다. 두 번째는 자신의 입장을 고려해 연금에 가입하고 싶다는 점이다. 그렇기 때문에 고객의 제반 환경을 고려해서 설득하는 것이 중요하다.

고객이 자금이 충분하지 않는데도 지속적으로 타당성이 떨어지는 강요를 한다면 오히려 반감을 살 수가 있기 때문이다.

그렇기 때문에 위의 설계사처럼 고객이 지금 필요한 것이 무엇인지를 정확하게 긁어줘서 나쁜 긴장을 좋은 긴장 상태나 좋은 이완 상태로 바꾸는 것이 중요하다. 우리가 누군가에게 설득을 당할 때는 그 사람의 논리에 수긍하는 것이 아니라 사실은 수긍하는 상태 즉, 긍정적인 감정이 만들어질 때이다.

따라서 고객의 긴장을 가려운 곳을 정확히 긁어주는 공감대와 함께 상대의 감정을 살 수 있도록 때로는 부드러운 비언어도 반드시 동시에 활용해야 한다. 특히, 직접적인 말투나 눈빛, 목소리와 제스처의 비언어는 오히려 반감을 살 수 있기 때문에 주의해야 할 필요가 있다.

다음은 부동산 계약에서의 상황이다.

(부동산 계약에서의 대화 - 나쁜 예)

중개인 : 어때요? 보여드린 아파트 맘에 드세요?
손님 : 네, 옵션도 맘에 들고 위치도 괜찮네요.
중개인 : 그럼 계약 하겠어요?
손님 : 조금 더 생각해 볼게요.
중개인 : 지금 그냥 하시는 게 좋아요. 나중에 사시고 싶어도 없어요.
손님 : 아니요. 제가 연락드릴 게요.

위의 대화에서도 중개인이 손님에게 직접적으로 계약을 하라고 직접적인 설득을 하고 있다. 고객이 망설이자 빨리 계약을 하라며 손님에게 강요를 하고 있다. 오히려 그렇게 되면 손님은 계약을 하지 않고 다른 중개인을 찾아갈 확률이 높아진다. 왜냐하면 아무리 상대방에게 필요성을 말한다고 해도 교감신경을 자극해 버리면 나쁜 긴장이 생기고 그 나쁜 긴장은 고객에게 나쁜 기억의 인지를 만들어내기 때문이다.

그렇기 때문에 고객의 입장에서 생각해보는 것이 심리적으로 중요한 부분이다.

(부동산 계약에서의 대화 - 좋은 예)

중개인 : 어때요? 보여드린 아파트 맘에 드세요?
손님 : 네, 옵션도 맘에 들고 거리도 괜찮아요.
중개인 : 손님이 지금 가장 신경 쓰시는 위치와 쾌적함이잖아요. 그런 부분에 있어서 조건은 가장 좋은 것 같아요.
손님 : 근데 층간 소음이 신경 쓰여요. 중간층이다 보니...
중개인 : 그럼 제가 그 건물 1층으로 알아볼까요? 아이가 있으시면 눈치 보지 않으셔도 되니까요.
손님 : 아 네. 꼭 좀 부탁드릴 게요.

위의 대화에서는 중개인이 손님에게 먼저 부드러운 비언어로 경계심과 방어벽을 부드럽게 이완시키고 있다. 그리고 손님이 지금 집을 사는 데 필요한 부분이 '위치와 가격'이라는 것을 정확히 인지하고 손님이 '내가 지금 그런 부분이 필요한데 이 물건이 가장 적합하네.'라는 필요성을 느끼게 하고 있다. 그리고 마지막으로 가격부담에 맞게 옵션을 제공함으로써 그 물건의 적합함과 필요성에 대해 다시 한 번 능동적으로 인지하게 한다.

4. 판매의 방식

판매를 잘하기 위해서는 설득에서 필요한 권위와 논리 그리고 감정을 이끌어야 한다. 권위와 논리, 감정이 대표적인 설득의 필요한 부분이지만 그 외에도 세 가지의 중요한 판매 방법이 있다.

a. 이완 판매

상대방에게 유머나 공통관심사를 통해 상대방의 방어벽을 허물어서 마음을 편안하게 만든 다음 논리를 통해 상대방의 마음을 움직이는 것이다. 예를 들어, "오늘 날씨처럼 화사하시네요."라고 가볍게 칭찬을 하거나 농담을 하면서 방어벽을 허무는 것이다. 또한, 이완 판매의 방법 중 공감 판매도 있다. 가령, 화장품을 사려고 하는 주부에게 "이 제품은 피지가 많이 분비 되는 분에게 참 좋아요. 저도 지성피부라 피지 분비가 많이 되는데 그래서 이 제품만 쓰거든요."라고 공감을 해주면서 상대방의 방어벽을 허물고 감정을 얻는 판매의 방법이다.

b. 긴장 판매

상대방에게 시간이나 개수 등의 제한을 주면서 긴장을 느끼게 하는 방법이다. 심리적으로 쫓기게 한 후에 다급하게 만들어 선택을 하게 하는 방법이다. 하지만 이 방법 잘못하면 지나친 긴장을 만들어 역효과를 만들 수도 있다. 가령, "이 제품은 딱 세 게가 남았어요. 아마 몇 시간 후에는 다 판매가 될 거예요."라고 말하면 심리적으로 압박을 느끼기 때문에 마음을 움직일 수 있다는 얘기이다. 하지만 오히려 사람은 쫓기면 쫓길수록 더 튕겨져 나가려는 성질도 있기 때문에 너무 몰아붙이거나 닦달하면 반작용이 생길 수가 있다.

c. 가치적 판매

사실 판매에서 가장 중요한 부분이라 할 수 있다. 대부분의 논리적 판매가 '왜 그렇게 해야 이득인가?'에 대한 효율을 따지는 부분이지만 가치적 판매는 '왜 그렇게 해야 가치가 있는가?'에 대한 효용성을 생각하는 부분이다.

가령, 당신이 음식을 먹으려고 하는데 한 곳은 언제 어디서든 먹을 수 있는 곳이고, 다른 한 음식점은 제철음식을 파는 곳이라 이때 아니면 먹을 수 없는 곳이라고 한다면 당신은 어떤 음식점을 가겠는가? 제철 음식을 파는 음식점에 갈 확률이 높다. 이유는 제철 음식과 제한적 기회가 주는 가치 때문이다. 마찬가지로 '원래는 20만원인데 10만원에 드리겠습니다.'라고 얘기하는 사람과 '원래는 10만원인데 10만원에 드리겠습니다.'라는 사람이 있다면 어떤 사람의 물건을 사겠는가? 전자의 물건을 살 확률이 높다. 왜냐하면 사는 사람의 입장에서는 그 물건이 20만원의 가치가 있다고 생각하기 때문이다. 그렇기 때문에 이러한 가치적 판매방식은 품격이 있는 고차원의 판매방식이라 할 수 있다. 외제차나 질이 높은 제품 등에서 많이 활용하는 부분이 바로 가치적 설득이라 할 수 있다. '당신의 품격을 높여 드립니다.'라는 문구에 마음이 움직여지는 경우를 많이 볼 수가 있다.

5. 결정단계와 감정

> **Tip**
> 1. 왜 고객에게 이 품목이 필요한지.
> 2. 왜 이 품목을 사야 하는 지.
> 3. 때론 논리적으로, 때론 감성적으로 설득
> 4. 고객이 필요하게 만들어 선택을 유도함.

판매를 할 때 처음 고객을 상대할 때 그리고 논리적으로 때로는 감성적으로 고객에게 설득했다면 이제는 마지막 결정단계이다.

예를 들어, 축구 경기를 생각했을 때 아무리 좋은 공격을 펼치고 드리블과 순간 돌파로 상대의 골대까지 접근했다고 하더라도 골을 집어넣지 못한다면 결과적으로 무의미하다.

판매에서의 핵심은 판매과정도 중요하지만, 고객의 지갑을 열게 하는 것이다. 고객에게 아무리 설득을 잘한다고 했더라도 지갑을 열지 못하는 세일즈는 결국 무의미하다는 것이다.

그렇다면 판매의 결정단계에서 가장 중요한 부분이 무엇일까? 역시 상황을 통해 알아보자.

(백화점에서의 대화 - 나쁜 예)

판매원 : 손님은 흰 남방이 잘 어울리시는 것 같아요.
손님 : 아 그래요?
판매원 : 네. 손님이랑 흰 남방이랑 잘 어울리네요.
손님 : 이건 얼마예요?
판매원 : 그건 15만 원 입니다.
손님 : 15만 원이면 비싼 거 같아요.
판매원 : 이 정도면 굉장히 싼 거예요.

위의 대화에서는 손님의 환심을 사는 데 까지는 성공했지만, 마지막 결정단계에서 판매원이 감정적으로 나와 오히려 손님의 나쁜 긴장을 얻게 했다.

즉, 과정이 아무리 좋아도 마지막 단계에서 손님의 결정을 끌어내지 못했다는 의미이다. 아무리 폭죽이 아름답고 멋지더라도 심지가 완전히 타들어 가지 않으면 그 아름다운 폭죽은 터지지 않는다.

고객의 결정을 만드는 것은 감정이다. 즉, 논리로써 충분히 당신이 이 물건을 사야 하는 이유를 설명했다면 마지막 결정단계에서는 '그래, 내가 이 물건을 사지 않으면 손해야. 어디 가서든 이 조건에 이러한 물건을 살 수가 없어.'라는 결정을 끌어내야 한다.

그런데 판매의 결정단계에서 실수하거나 실패하는 대부분의 이유는 고객의 감정보다 판매 하는 당사자의 감정이 더 앞서나가기 때문이다.

즉, 손님이 능동적으로 생각하고 긍정적인 긴장과 이완 상태를 만든 후에 결정해야 하는데 자신이 서둘러서 일을 그르치는 경우가 많다는 것이다.

(백화점에서의 대화 - 나쁜 예)

판매원 : 손님은 흰 남방이 잘 어울리시는 것 같아요.
 손님 : 아 그래요?
판매원 : 네. 손님이랑 흰 남방이랑 잘 어울려요.
 손님 : 이건 얼마예요?
판매원 : 그건 15만 원 입니다.
 손님 : 그건 좀 비싼 것 같은데요.
판매원 : 그게 뭐가 비싸요. 손님 이거 지금 사지 않으면 후회해요.

위의 경우도 마찬가지이다. 손님의 구매 의사가 약해지자 갑자기 닦달하듯이 손님에게 직접적으로 구매를 강제적으로 표현하고 있다. 오히려 그러한 직접적인 부분은 손님이 한 발짝 뒤로 물러나게 할 수 있게 만든다.

'물이 들어올 때 노를 저어라.'라는 말이 있다. 이 말을 반대로 해석하면 물이 들어오지 않으면 노를 젓지 말라는 의미이다. 그런데 사람의 관계가 뒤바뀌면 즉, 팽팽한 위치에서 을의 위치가 되면 조급해진다. 그럴 때 일을 그르치기가 쉬운 것이다.

기다려라. 고객이 능동적으로 바뀔 때까지. 능동적으로 생각할 때까지. 당신은 옆에서 은근한 불을 만들면 된다. 대신 그 불이 너무 뜨거워서 고객을 다치게 하면 안 된다. 그러면 다시는 불 곁으로 오지 않는다. 따뜻한 불이 곁에 오게 한다.

> (백화점에서의 대화 - 좋은 예)
>
> 판매원 : 손님. 손님은 회색 색상이 잘 어울리시는 것 같아요.
>   손님 : 아 그래요? 전 잘 모르겠는데...
> 판매원 : 네. 손님 피부 톤이랑 회색 계열의 니트가 잘 어울려요.
>   손님 : 가격이 어떻게 되는데요?
> 판매원 : 그건 12만 원 입니다.
>   손님 : 조금 비싼 것 같아요. 아까 주황색은 11만 원 이었는데...
> 판매원 : 근데 만원 차이라면 아무래도 손님에게 어울리는 게 더 낫지 않겠어요?

판매 결정단계에서 가장 중요한 점은 기다리는 것이다. 그리고 마지막까지 고객이 결정을 내릴 수 있도록 따뜻한 불을 지펴주는 것이다. 불은 양날의 검과 같다. 그 불이 따뜻할 때는 상대방의 마음을 녹이지만 불이 뜨거울 때는 오히려 상대방에게 상처를 입힌다.

마지막 결정단계에서는 바로 상대방에게 마지막까지 신뢰를 보내는 것이다.

판매와 감정

절대 서두르거나 닦달하거나 조급하게 굴어서는 안 된다. 그렇게 되면 다시 교감신경을 자극해서 나쁜 긴장을 유발하게 된다.

위의 대화에서는 손님이 생각하기에 '그래, 이 정도 가격에 이 정도 조건이면 사는 게 낫지.' 또는 '다른 데 가서 이만한 조건에 사기가 힘들 거야.'라는 결정을 이르게 만들고 있다. 끝까지 서두르지 않고 고객에게 기분 좋은 신뢰와 감정이 쌓이도록 은근한 불을 지피고 있다.

결정 단계에서는 상대방의 반응을 수시로 파악하며 설득 타이밍을 잡아야 한다. 영화를 볼 때 관객이 슬픈 장면을 보며 눈물을 머금을 때 감독은 생각하게 된다. '여기서 어떻게 눈물을 흘리게 할까?'라고 말이다. 그런데 여기서 위험한 발상이 바로 억지감동을 끌어내는 방법이다. 그러면 오히려 나오려던 눈물이 쏙 들어간다. 이때 필요한 건 관객이 눈물을 흘리도록 기다려주는 것이다. 또는 자연스럽게 눈물이 흐르도록 톡 건드려 주는 것이다. 이 타이밍과 마지막에 건드려주는 말이나 행동이 무척이나 어렵고 예민한 부분이다.

여기서 중요한 것은 눈물이 들어가지 않도록 하는 것이다. 왜냐하면, 한 번 들어간 눈물은 다시 생성되기 어렵기 때문이다. 그렇기 때문에 눈물이 나오도록 기다려주거나 관객이 눈치를 채지 못하게 살짝 건드려주는 것이다.

판매도 마찬가지이다.

예를 들어, 고객이 위의 대화처럼 색깔이나 옷의 디자인이 마음에 드는데 가격 때문에 결정을 못 내리고 있다면 그 가려운 부분을 티 내지 않게 긁어주는 것이다. '근데 만원 차이라면 아무래도 손님에게 어울리는 게 더 낫지 않겠어요?'라고 말이다. 이 말을 손님은 인지하고 '그래 이만한 가격에 조건에 맞는 옷은 이것밖에 없어.'라고 생각하게 하는 것이다. 그런데 여기서 '손님 이거 지금 사지 않으면 후회해요.'라는 말은 '지금 사야한다.'라는 서두르는 표현이 오히려 고객에게 불편한 긴장을 만들 수가 있기 때문에 오히려 역효과를 낼 수 있다는 의미이다.

섣부르게 감정의 동요를 심어주면 오히려 반감을 품게 된다. '은근한 불이 조청을 만들듯이' 은근하게 접근해야 한다. 그리고 기다림의 인내를 발휘해야 한다. 지금 당장 사지 않더라도 그 고객이 필요를 느끼게 되면 반드시 구매를 하게 되어 있다. 만약 눈물을 머금고 흘릴 수 있는 자연스런 환경이 됐을 때 부드럽게 손수건을 주면 된다.

판매의 결정 단계에서 가장 중요한 미덕은 '기다림'과 '타이밍'이다.

6. Sales와 감정

세일즈에서 가장 필요한 것은 고객의 감정을 움직여서 판매를 결정할 수 있도록 은근한 신뢰와 당위성을 심어주는 것이다.

예를 들어, 남녀가 다툴 때 남자가 여자에게 논리적으로 말한다. "난 네가 싫은 게 아니라, 네가 너무 심하게 내 사생활에 다 간섭하는 게 부담스럽다는 거지. 전화기 보는 거 메일 확인하는 거 그거 솔직히 부담스러워. 입장을 바꿔 생각해봐. 내가 평일엔 끝나는 시간이 8시야. 그리고 매일 너를 만나잖아. 그런데 내가 어떻게 다른 생각을 할 수 있겠어."라는 말로 논리적으로 설명한다.

그런데 문제는 여자의 반응이다. 여자는 남자의 이야기를 다 듣고 이렇게 얘기한다. "근데 왜 나한테 정색하면서 말해?"라고 말이다.

남자는 충분히 논리적으로 여자에게 말을 하고 있는데 희한하게도 여자의 마음을 움직이지 못하고 있다. 즉, 상대방을 설득한다는 것은 머리가 아니라 마음 즉, 감정이라는 의미이다.

세일즈도 마찬가지이다. 고객의 마음을 움직이지 못하는 판매는 무의미하다. 고객의 마음을 움직인다는 것은 감정을 건드려준다는 의미이다.

우리는 상품설명회나 길에서 직접적으로 판매를 하려고 하는 사람들을 많이 보아왔다. 하지만 대부분 성공하지 못한다. 이유는 고객의 감정을 건드리지 못해서이다.

상대방의 감정을 건드리고 움직인다는 것은 고객의 방어벽을 침투해서 자신도 모르게 허물어뜨린다는 의미이다.

그래서 고객의 생각 변화를 주는 것보다 더 중요한 것은 고객의 느낌을 좋게 심어주는 것이다. 이미지, 제품인지도, 평판위험성 등은 바로 감정 설득과 관련이 있는 설득의 방법인 것이다.

판매에서 중요한 것은 상대방이 눈치를 채지 못하게 판매를 이끄는 것이다. 즉, 상대방에게 무언가를 판매하려면 반드시 은근하게 접근해야 한다. 항상성과 방어벽을 생각하지 않는 판매는 상대방의 교감신경을 자극해서 악영향을 끼치게 한다.

긍정적인 긴장과 이완을 활성화하기 위해서는 처음에 상대방의 자존심을 지켜주고 방어벽을 서서히 허물 수 있도록 공감대를 형성해줘야 한다. 직접적이거나 강압적일 때는 오히려 상대방의 아드레날린을 촉진해 방어벽을 굳건하게 만들 수 있다.

따라서 부드럽고 은근하게 설득을 이끄는 것이 중요하다. 그래야 상대방도 나에게 어느 정도의 신뢰를 느낄 수 있다. 신뢰를 주되 유머와 인간미로서 상대방과 공감대를 형성해서 부정적인 교감신경을 억제하면서 최적의 긍정적인 교감신경 즉, 설렘과 흥분 그리고 긍정적인 부교감신경인 편안함을 심어주는 것이 판매의 감정비법인 것이다.

> **Tip**
>
> 1. 상대방에게 판매를 하려 하지 마라.
> 2. 상대방이 편안함을 느끼게 하라.
> 3. 상대방이 호감을 느끼게 하라.
> 4. 상대방이 구체적인 필요를 느끼게 하라.
> 5. 상대방이 구체적인 만족을 느끼게 하라.

판매와 감정

1. SNA 온라인강의 특징

- **STEP 1**: PPT를 통해 **교육생의 이해를 돕는** 세심한 강의
- **STEP 2**: **강사위주의 일방적 강의가 아닌** 교육생 중심의 1:1 소통 강의
- **STEP 3**: **연기와 스피치의 기초부터 실전에 이르기까지의** 체계적 교육과정
- **STEP 4**: **최적화된 온라인 교육환경** (HD시스템, 스마트 폰 지원)

2. SNA 오프라인 교육특징

연기교육
입시생, 오디션, 기획사
소속배우
1:1레슨

스피치교육
자신감,
발음교정, 면접,
프레젠테이션
선거, 논술,
스피치
1:1레슨

특강교육
연기-화술,
제스처, 감정,
면접, 합격비법

스피치-보이스코칭
면접,
프레젠테이션

기업체강의
연기-실전연기
연기심리치료

스피치-실전면접
실전프레젠테이션
소통방법,
설득

대화, 인간관계, 설득 등 모든 관계와 상황에는 감정이 존재한다.

 어떤 사람의 마음을 움직인다는 것, 대화나 발표, 설득과 협상에서 마음에 동요가 생겨서 행동으로 이어진다는 것은 '감정'이 움직였다는 의미이다.
 특히, 설득의 마지막 단계인 결정에 있어서는 사실 여러 가지가 필요하다. 친절함, 구체적인 설명, 논리, 가치 등 마음을 움직일 수 있는 다양한 요인이 있다. 하지만 상대방을 마지막으로 움직일 수 있는 가장 커다란 힘이 '감정'임에는 분명하다.
 왜냐하면 상대방의 입장에서 어떤 결정을 내릴 때는 감정이 움직여야하기 때문이다.
 즉, 감정이 생겨야 결정을 한다는 의미이다.
이 책은 바로 그러한 감정을 활용해서 대인관계, 설득, 대화, 행동, 판매의 심리에 적용하는 방법에 대해 구체적으로 얘기하고 있다.

SNA연기스피치

김규현
주소 : 서울시 강남구 개포동 1196-7
Tel : 070) 8274-3225
홈페이지 : www.esna.co.kr
페이스북 : https://www.facebook.com/sna4225
이메일 : kkhyun1004@hanmail.net
블로그 : http://blog.naver.com/cello4225